出口集装箱翻倒率控制优化研究

边 展 著

本书得到国家自然科学基金青年基金项目"基于移动互联的多式联运网络下甩挂运输组织优化研究"（71602130）、北京市优秀人才青年拔尖团队项目"北京高精尖产业创新发展研究团队"（2017000026833TD01）及首都经济贸易大学"学术骨干培养计划——中青年骨干教师"（00191854840403）的资助

科学出版社

北 京

内 容 简 介

国内外针对集装箱码头操作实务的书籍不在少数,但是涉及该领域前沿科学问题的研究书籍却很少见。本书针对集装箱码头出口集装箱作业流程的各个环节亟待解决的优化问题,如理论与实务界均棘手的倒箱问题,进行了深入剖析。将现实问题抽象转化为数学问题,引入供应链中建模与优化算法,对问题一一求解并给出详尽的解决方案。

本书内容全面、系统、深入,包括实际问题的分析、实际问题到数学问题的转化、数学问题的建模与求解、算法与实验设计,逐级深入,循序渐进。

本书适合交通运输、物流工程管理专业的学生和老师,交通、物流等行业的从业人员,以及港口运营部门的技术人员阅读。

图书在版编目(CIP)数据

出口集装箱翻倒率控制优化研究/边展著. —北京:科学出版社,
2019.11
　ISBN 978-7-03-061336-3

　Ⅰ. ①出⋯　Ⅱ. ①边⋯　Ⅲ. ①集装箱–出口–效率–研究
Ⅳ. ①U169.4

中国版本图书馆 CIP 数据核字(2019)第 108416 号

责任编辑:马　跃　李　嘉/责任校对:王丹妮
责任印制:吴兆东/封面设计:正典设计

科 学 出 版 社 出版
北京东黄城根北街 16 号
邮政编码:100717
http://www.sciencep.com

北京虎彩文化传播有限公司 印刷
科学出版社发行　各地新华书店经销
*
2019年11月第　一　版　　开本:720×1000　B5
2020年1月第二次印刷　　印张:9 3/4
字数:196 000
定价:88.00 元
(如有印装质量问题,我社负责调换)

前　　言

随着集装箱码头（container terminal）吞吐量的迅速增长，集装箱堆场（container yard，CY）资源的稀缺属性愈加显著，如何提高堆场的作业效率，加快集装箱在堆场内的流转，最大限度地利用堆场现有的空间资源与设备资源，成为集装箱码头管理者迫切需要解决的问题。针对影响堆场作业效率的倒箱问题，本书系统地归纳和评述了大量的国内外相关文献，发现目前对该问题的研究仍旧不够全面，考虑动态性的研究还比较匮乏。围绕上述问题，本书主要做了以下工作。

首先，考虑出口集装箱进场的不确定因素，以后续可能产生的倒箱量最少为目标，建立整数规划（integer programming，IP）模型，研究在既定堆存状态下的集装箱静态提取问题，并在此基础上解决动态问题。运用求解软件与启发式算法进行求解，结合精确算法与启发式算法的优点，达到改进现有优化算法、更好地指导实际操作的目的。

其次，基于堆场实际情况与现实约束，构建以倒箱量最少为目标的出口集装箱装船顺序优化模型，开发基于动态规划的两阶段混合优化算法，为避免状态数"组合爆炸"式的增长，进一步将启发式算法嵌入动态规划算法中。数值实验验证了所提出的两阶段混合优化算法较之实际调度规则与现有研究的优越性。

再次，构建两阶段混合算法对预倒箱问题进行求解。第一个阶段，运用基于阈值接受算法（threshold accepting，TA）的邻域搜索算法，求得末终堆存状态压箱数较少的预倒箱序列；第二个阶段，运用 IP 模型求解预倒箱序列邻域中的最优解。两个阶段循环交替进行，以快速求得最优的预倒箱序列。实验结果表明了该算法的可行性。

最后，研究如何以最少的集装箱移动次数及最短的门式起重机（gantry crane，又称龙门吊）工作时间，处理单台单吊、单台多吊及两台单吊取箱问题，并针对这三种问题分别提出了启发式算法进行求解，实验结果表明较之现有研究，提出的算法的有效性及优化程度更高。

在本书即将付梓出版之际，我要特别感谢给予我无限关爱的家人，正是你们无私的付出，才保证我能够以最大的热忱投入科研工作中。感谢恩师靳志宏教授近十年的厚爱、教诲和引导，感谢每一位良师益友，感谢所有帮助过我的同仁，尤其是那些在本书完稿过程中给我提出过批评、意见和建议的专家。最后，向科学出版社的编辑同志表示深深的敬意，感谢您的辛勤工作！

由于笔者水平有限，不妥之处在所难免，敬请学术界同仁和读者多提宝贵意见，不吝赐教。

读者阅读本书时若有任何疑问，可发 E-mail 到 bianzhan@cueb.edu.cn，以获得帮助。

2019 年 4 月

目　　录

第一章 导 论

第一节 倒箱问题的内涵

国际贸易依赖道路、海路及航空等运输方式，其中船舶运量大且运费相对低廉，致使海运量所占贸易比重最大，从而使海运成为远距离国际贸易的主要运输方式。集装箱的特殊属性，保证了货物的高质量流转与低耗时的运输[1~3]，因此，目前海上运输以集装箱运输为主。

集装箱堆场是衔接集装箱水路运输与陆路运输的节点，是进出口集装箱进行交换、保管和堆存的场所。最大限度地发挥堆场的利用率，可以降低码头的生产成本。集装箱堆场是保证装船效率、提高码头集装箱通过能力的重要保证。近年来，我国集装箱码头建设日益成熟，集装箱吞吐量飞速增长，码头内集装箱堆场的作业效率成为制约其发展的重要瓶颈因素。

我国的集装箱堆场的管理方式仍以粗放式管理与经验管理为主，再加之集装箱船舶（container ship）及内陆集装箱卡车运输等带来的不确定性因素，造成集装箱堆场作业中存在大量的倒箱作业。以国内现代化水平较高的宁波港集装箱码头的调查数据为例，倒箱率为 14%左右，且长期居高不下。因此，倒箱作业已成为影响集装箱堆场作业效率的关键因素。

对于装船作业而言，由于出口集装箱有"随机到达、整批离开"的特性，可能导致其堆存顺序与装船顺序不一致，也即通常会有需要较早装船的集装箱堆放在较晚装船的集装箱的下方，造成压箱现象。然而，目前堆场出口街区（block）内集装箱堆垛更高、更紧密，导致提箱作业愈加复杂，不可避免地提高了倒箱率。因此，需要事先规划集装箱码头的街区作业，以有效利用堆场街区减少倒箱产生的时间延误，从而提高装船效率。

集装箱堆场的街区作业主要划分为两大部分，第一部分为街区及箱位分配，即为到来的集装箱指定合理的堆存位置；第二部分为街区内机械作业调度，包括水平机械调度（如集卡作业任务指派、路径规划等），以及龙门吊作业调度（如龙门吊行走路径规划，吊起或卸下集装箱的任务分配等）。

　　相对于船舶在港时间，一次倒箱的时间似乎很短，但由于堆场中集装箱的数量多，且堆放得比较密集，累积的倒箱时间就非常长，造成集卡和岸桥的非作业时间延长，影响集装箱码头的作业效率与经济效益，而集装箱码头的作业效率又直接影响船东与货主的经济效益。降低倒箱率、缩短龙门吊操作时间又可节省堆场空间，一举三得。

第二节　核心问题的提出

一、倒箱作业产生的原因

　　集装箱堆场由多个街区组成，码头堆场某出口街区的三维坐标图如图 1.1 所示。沿 Z 轴方向可堆放若干集装箱的垂直区域称为栈（stack），数栈沿 Y 轴方向直线排列形成的区域称为贝（bay），数栈沿 X 轴方向直线排列形成的区域称为列（row），街区沿 XY 平面展开，所构成的平面称为层（tier）。每个街区由连续的 40~60 个贝组成，每个贝通常包括 6~8 列，堆高为 3~5 层。

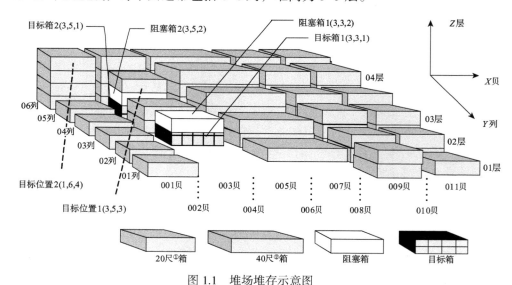

图 1.1　堆场堆存示意图

---

① 尺指英尺（1 英尺=0.304 8 米）。20 尺长、宽、高分别为 20 英尺、8 英尺、8 英尺（即 20′、8′、8′）。
② 40 尺长、宽、高分别为 40 英尺、8 英尺、8 英尺（即 40′、8′、8′）。

堆场上的街、贝、列、层都通过一定的编码表示，其中街通常由字母和自然数（A01，A02，B01，B02）共同表示，贝、列、层通常由自然数（1，2，3，…）表示。在堆场中，通常 20 尺的集装箱占用 1 个贝，其所在贝号为奇数，40 尺的集装箱占用 2 个贝，其所在贝号为偶数。大多数的堆场都不允许集装箱混贝放置，即把 20 尺的箱和 40 尺的箱放在同一贝上。堆场中每个箱位都可以通过其所在的街、贝、列、层的编码来唯一确定。例如，给定一个堆场编码（A010010302）表示该箱位的位置是 A01 街 001 贝 03 列 02 层，可以判断出这是 20 尺的箱；堆场编码（B030060504）表示该箱位的位置是 B03 街 006 贝 05 列 04 层，是 40尺的箱。

由于受各种堆场外部因素的制约，集装箱进入堆场的顺序是随机的，同时，也不可能提前预知其被提走的顺序，且提箱顺序常常发生改变，不能任意设定或调整提箱顺序，造成目标箱的堆存位置与装船或货主提箱的顺序不一致，在提取集装箱时难免会产生一定数量的"倒箱"[4~6]。

除了上述客观原因外，编制集装箱的提箱计划或装船计划的不周，导致集装箱无法按照从上到下的提箱顺序被提取，也即调度不周导致倒箱。另外，阻塞箱的落箱位置的选择也至关重要，落箱位置选择不当会对后续倒箱次数产生直接影响，以致造成同一阻塞箱的二次，甚至多次倒箱。

如图 1.1 所示，每个箱位（slot）可由贝、列、层的三维坐标来表示，箱位是组成集装箱堆场的最小单元。待提取的集装箱称为目标箱（即待提箱），堆放在其上方的集装箱称为阻塞箱（即待倒箱）。在集装箱堆场中，若当前待提取的目标集装箱坐标为（3,3,1），上方有阻塞箱坐标为（3,3,2），那么要将堆放在其上方的阻塞箱翻倒到其他列的上层，这一过程即一次倒箱。

由上文可知，在集装箱堆场的实际操作过程中，倒箱作业的影响因素主要有以下三个：集装箱堆场中集装箱的初始堆存位置、龙门吊提取集装箱的顺序，以及应对倒箱现象时，落箱位置的选择。

具体而言，倒箱作业产生的原因可归纳为以下几点。

（1）出口集装箱有"随机到达"的特性，而码头堆场通常采用"先到先服务"的作业原则，这就不可避免地出现重量等级不同、航次不同的集装箱混合堆放的现象。

（2）码头堆场中诸如龙门吊的机械设备是从每一栈自上而下进行取箱的，这一操作特性是无法改变的。

（3）在倒箱过程中，应选取合理的落箱栈暂时堆放阻塞箱，而落箱栈通常存在多种选择，选取稍有不慎就会导致二次倒箱，以致三次倒箱等情况发生。除此之外，操作人员对计划期内的取箱作业是否做出周全考虑也是不可忽视的因素。

二、倒箱作业的种类

集装箱码头倒箱作业主要有三大类,第一类为出口集装箱装船时的倒箱作业,第二类为进口集装箱内陆客户提箱时的倒箱作业,第三类为移动集装箱的过程中产生的倒箱作业[7, 8]。具体表述如下。

(一)装船倒箱

装船倒箱即装船过程中造成的倒箱现象,这种现象是针对出口集装箱而言的,在通常情况下,当堆场中出口集装箱的堆存顺序与配载计划中的装船顺序不一致、船舶配载图编制不合理或船舶配载图临时变动时,就会导致堆场倒箱操作。集装箱装船倒箱不仅仅会影响港口的各项运行效率,还会造成作业成本的增加,对码头的影响较大,也是出口过程中码头作业效率提高的瓶颈所在。本书涉及的倒箱作业指的就是装船倒箱。

降低出口集装箱装船时倒箱率的优化可分四个阶段。

(1)进场交箱时,优化交箱堆存箱位,保证先装船的集装箱放在堆垛上方。

(2)制订装船计划时,优化装船序列,减少下方箱早于上方箱装船的箱量。

(3)装船计划确定后,一些码头会进行预倒箱作业,减少实际装船时的麻烦。

(4)装船时,如果存在倒箱,通过优化落箱位的选择,降低二次倒箱。

对于出口集装箱降低倒箱率问题,在阶段(1)优化客户的交箱序列信息是重要的决策依据,此外,如果能够合理分配箱位,不仅可以大大降低整个出口集装箱的倒箱量,而且可为装船设备调度和船舶配载奠定良好基础;在阶段(2)、阶段(3)、阶段(4),倒箱优化通常是基于装船序列的优化,一般采用基于规则的启发式算法来实现。

本书正是针对上述四个阶段中涉及的倒箱问题进行研究。

(二)提箱倒箱

提箱倒箱即提箱过程中造成的倒箱现象,这种现象是针对进口集装箱而言的,码头无法掌握货主提箱时间的准确信息,导致堆场中进口集装箱的堆存顺序与提箱顺序不匹配带来额外的倒箱作业,这在实际生产过程中是十分常见的。这种集装箱倒箱导致港口作业成本的增加及港口运行效率的降低,对堆场作业效率及码头服务水平有较大的影响。

降低进口集装箱提箱时倒箱率的优化可分两个阶段。

(1)进口集装箱卸船时,优化目标箱堆存箱位,避免后提箱压先提箱。

(2)进口集装箱提箱时,优化倒箱落箱位,避免二次倒箱。

降低进口集装箱提箱时倒箱率的关键问题是利用提箱时间估计倒箱量,但客户提箱时间随机性较强,统计规律不明显,客户提箱预约在客户收到到港通知后才进行,使得该方法的实施效果大打折扣。

阶段(1)考虑到卸船时各集装箱的提箱时间未知且统计规律不明显,目前的研究通常采用启发式优化规则,其优化效果取决于启发式规则与码头的适用情况,精度难于控制;阶段(2)的取箱序列是优化决策的重要依据,如果能在决策前获得并有效利用取箱序列信息,倒箱率能大幅度降低。如果上述两种方法能配合适当堆存策略使用,能进一步提高精度。

(三)移箱倒箱

移箱倒箱即移箱过程中造成的倒箱现象,这种现象会增加堆场的无效作业时间,但由于其在堆场实际操作中产生的概率很小,所以对堆场的作业效率及码头的整体服务水平不会造成太大的影响。

三、倒箱作业调度优化的复杂性

集装箱堆场的作业效率由装船速度与装船准确度两部分构成。装船准确度取决于码头操作人员的专业素质,而装船速度不仅受码头人力资源、机械资源等因素的制约,还受堆场堆存状态的影响。针对出口集装箱而言,其初始堆存状态,即堆存位置及堆存数量,决定了倒箱及装船的难易程度。在实际堆存状况下,单个贝内集装箱的翻倒次数与该贝中堆存集装箱的数量有关。一般而言,贝内堆存的集装箱数量越多,后续倒箱的次数也越多,求解难度也越高。

龙门吊按照取箱序列,完成整个装船取箱作业。取箱序列决定了集装箱的提取顺序,导致了不可避免的倒箱作业的产生,而取箱序列的制定受龙门吊作业数量、岸桥作业计划等因素的影响,因此研究倒箱问题也需要考虑上述多种因素。

集装箱堆场的布局决定了街区贝中的栈数,而栈数越多,则可供堆放阻塞箱的备选位置越多,对于每一次倒箱作业而言,可行的倒箱方案也就越多。优化空间越大,求解最优解的难度也就越大,对算法优化程度、计算机的存储及计算功能的要求也越高。

除此之外,鉴于集装箱堆场倒箱原因的多样性,且现实中各个集装箱码头的自然状况、码头堆场的面积和布局,以及堆场中运用的机械设备不尽相同,针对不同的倒箱情况就应有相应的不同种类的倒箱策略,这就需要综合考虑所有的情形,对研究技术等方面有较高的要求。

总之,倒箱过程中需考虑多种现实因素,涉及变量较多,倒箱优化问题属于NP(non-deterministic polynomial,非确定多项式)-难问题。前文将出口集装箱倒箱率的优化过程划分为四个阶段,而无论哪一个阶段都难以运用精确算法进行求解,鉴于目前实务中对求解精度与速度的要求,该问题具有相当大的求解难度。

因此,在贝容量一定的情况下,采取何种措施可有效减少甚至避免贝内集装箱倒箱作业已成为当前理论界与实务界共同面临的难题与挑战,也是提升堆场运行效率、提高码头运营效益的关键。

第三节　研究思路

一、基本研究框架

本书的研究思路表述如下:以集装箱码头堆场出口街区作业中的倒箱为切入点,研究街区内箱位分配及机械调度两大优化问题中涉及的倒箱问题,针对出口集装箱由进场堆存至提取装船过程中的每个环节,通过引入倒箱优化技术以达到有效避免或减少倒箱,提高整体出口作业的效率,实现高效装船作业的目的。

依据时间及作业流程的先后顺序,将出口集装箱由集港堆存至装船作业整个环节中的倒箱控制划分为四个阶段。

(1)集港堆存阶段。该阶段旨在进场交箱时,优化出口集装箱交箱堆存箱位,保证街区在出口集装箱进出过程中堆存与提取作业的顺利进行。

(2)优化装船序列阶段。该阶段中并未进行集装箱的操作,而是在第一个阶段结束时的初始堆存状态确定的前提下,制订装船计划,优化集装箱的装船顺序,减少实际装船作业时下方箱早于上方箱装船的箱量。

(3)预倒箱作业阶段。基于上一阶段确定的集装箱装船顺序,该阶段通过堆场内的预倒箱作业,使装船顺序较早的集装箱尽可能被堆垛于栈的上层,减少实际装船时的麻烦。

(4)装船作业阶段。该阶段通过优化落箱位的选择,降低二次倒箱。

在上述每个阶段中均分析影响倒箱作业的因素,通过数学模型及优化算法进行倒箱量控制,最终达到降低倒箱量、提高装船作业效率的目的。

本书的研究框架如图1.2所示。

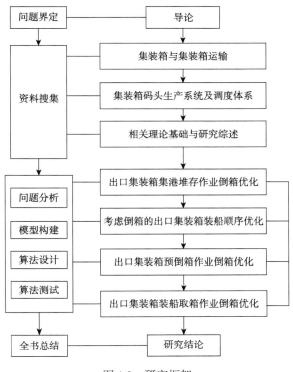

图 1.2 研究框架

本书的主要内容如下。

第一章"导论",明确了集装箱堆场出口集装箱倒箱优化问题的研究背景与目的,阐述了倒箱的概念与种类,以及本书的研究方法、研究思路与研究内容。

第二章"集装箱与集装箱运输",总结了集装箱及集装箱运输的定义,给出了集装箱货物的分类及集装箱运输方式的选择方法。

第三章"集装箱码头生产系统及调度体系",梳理了集装箱码头的功能及布局、集装箱码头的主要机械设备及依托这些设备的装卸工艺,明确了集装箱码头堆场作业计划及出口集装箱的装船作业流程。

第四章"相关理论基础与研究综述",对最优化问题进行了总结,并对集装箱堆场倒箱控制优化相关的国内外研究现状和动态进行系统的归纳与分析,对研究的对象及所用的方法进行评述,总结已有研究的成果与不足。

第五章"出口集装箱集港堆存作业倒箱优化",旨在优化出口箱倒箱的第一个环节——箱位分配,考虑了出口集装箱进场的不确定因素,研究目标为在动态情况下快速决定集装箱储存的位置而使整体作业的倒箱量最少,结合 IP 模型与堆存规则处理该动态问题。动态性体现在:一方面为决定集装箱进入集装箱堆场时存放的位置，另一方面为集装箱离开堆场时引起倒箱后，决定该阻塞箱存放的位置。

第六章"考虑倒箱的出口集装箱装船顺序优化"，为控制出口集装箱倒箱率的第二个环节——优化装船序列，在堆场初始堆存状态及船舶配载图确定的情形下，安排集装箱的装船顺序以有效避免或减少倒箱操作。该章构建了基于倒箱量最少的装船顺序优化模型，开发了基于动态规划的两阶段混合优化算法，实验结果验证了模型与算法较之实际调度规则及现有研究方法的优越性。

第七章"出口集装箱预倒箱作业倒箱优化"，在装船顺序既定的情况下进行预倒箱作业，进一步优化堆存结构，使装船顺序较早的集装箱能够尽可能地被堆垛于装船顺序较晚的集装箱的上层。该章开发了由邻域搜索算法与 IP 算法组成的两阶段混合算法对预倒箱问题进行优化，借助不同种类仿真算例的实验结果及与现有研究方法下所得结果的对比，验证了两阶段混合优化算法的有效性与实用性。

第八章"出口集装箱装船取箱作业倒箱优化"，针对预倒箱作业后，出口集装箱倒箱控制的最后一个环节——实际装船作业进行优化。在该环节中，为减少倒箱量，需要对龙门吊的取箱顺序及其工作计划进行优化。针对单台单吊、单台多吊及两台单吊三种不同的龙门吊作业模式分别进行研究，并分别开发了优化算法进行求解。

第九章"研究结论"，对本书所做的工作及研究成果进行总结，并对进一步的研究方向做出展望。

二、涉及方法

集装箱堆场出口集装箱各环节作业的倒箱优化问题具有相当高的复杂程度，需要借助现代优化技术、概率论、仿真优化技术、运筹学及管理学等多学科的方法对其进行求解。本书所采用的研究方法如下。

（1）对集装箱堆场箱位分配、堆场预倒箱作业、取箱装船作业、龙门吊调度及相关领域已发表的文献进行全面的查阅与分析，掌握研究的现状与动态，分析文献中对不同问题建立的模型和开发的算法，进行分类、总结、归纳，并剖析文献的不足之处。

（2）通过对堆场作业倒箱优化问题的组织形式、运作规律的分析，运用运筹学、管理学及概率论等相关理论构建出能准确、全面、客观地反映问题特性的数学模型。对所建立模型的性能进行分析，验证其正确性与可行性。

（3）根据所建立模型的特点，在分析、研究各种优化技术和计算方法的基础上，开发合适的启发式算法，运用 Visual C++ 6.0 等软件编程计算，验证算法的可行性与准确性。

（4）通过模拟现实问题的实验分析，验证模型和算法在实践中的可行性与实用性。

本书从明确研究问题的背景与目的开始，深入剖析出口集装箱倒箱优化问题的特点，通过对现有文献的阅读分析，总结前人的研究成果与不足，对出口集装箱倒箱优化问题进行进一步的探讨。

第四节　主要创新之处

（1）针对集装箱堆场出口集装箱倒箱作业的多阶段动态特征，提出了基于动态规划与启发式算法相结合的混合算法，优化出口集装箱装船顺序。所提出的方法利用堆场箱区矩阵对堆存状态进行定位、定量描述，利用船舶配载矩阵描述所装货物的状态及装载位置等，并考虑海关放关与否等现实约束，不同于常规建模方式，进一步将多种启发式算法嵌入动态规划算法中，有效解决了状态数"组合爆炸"带来的求解困境。

（2）提出了集装箱堆场倒箱问题中压箱数的估算新方法。通过压箱数的计算，并以预倒箱序列的长度评价预倒箱问题的近似解性能。该方法结合 IP 算法与邻域搜索算法的两阶段混合优化算法对预倒箱问题进行处理，即首先运用阈值接受算法求得末终堆存状态压箱数较少的预倒箱序列，其次借助 IP 模型压缩该序列的长度以求得最优序列。参数灵敏度分析及与现有优化算法的对比实验证明了所提出的方法可有效改善箱区的压箱状况。

（3）提出了集装箱堆场龙门吊取箱移动次数下界值的求解方法。运用基于决策树的启发式算法与最短路模型求解单台单吊取箱问题，在此基础上，分别探讨了基于启发式算法的单台多吊吊具分配策略及多台单吊箱区分配策略。大规模数值实验表明，求得的移动次数接近或等于下界值，并可给出实际作业中吊具数量的配置建议，显示所提出的龙门吊取箱移动次数下界值的计算方法的有效性与实用性。

第五节　本章小结

本章首先探讨了集装箱堆场出口集装箱倒箱问题产生的原因及针对该问题进行调度优化研究的复杂性。其次，基于上述问题引出本书的研究思路、研究框架与涉及的研究方法。最后，简明介绍了本书针对出口集装箱倒箱率优化研究的主要创新点。

第二章　集装箱与集装箱运输

集装箱运输是 20 世纪 50 年代以来发展迅猛的一种运输方式，20 世纪 70 年代初开始进入我国，随后在我国的一些主要对外口岸迅速发展，20 世纪 80 年代后期我国开始引入多式联运。近年来，集装箱运输已成为国际贸易中一种主要的运输方式。

第一节　集装箱的概念及标准

一、集装箱的概念

集装箱是在我国内地（大陆）的称谓，在我国香港地区称为"货箱"，在我国台湾地区称为"货柜"。关于它的定义，在各国的国家标准、各种国际公约和文件中，都有具体规定，其内容不尽一致。不同的定义在处理业务问题时，可能有不同的解释，这里不予赘述。下面仅列举国际标准化组织（International Organization for Standardization，ISO）的定义。

1968 年，国际标准化组织 104 技术委员会起草的国际标准《集装箱术语》（ISO/R 830—1968）中，对集装箱就下了定义。该标准后来又做了多次修改。国际标准 ISO 830—1981《集装箱名词术语》中，对集装箱定义如下。

"集装箱是一种运输设备，应满足下列要求：①具有足够的强度，可长期反复使用；②适于一种或多种运输方式的运送，途中转运时箱内货物不需换装；③具有快速装卸和搬运的装置，特别便于从一种运输方式转移到另一种运输方式；④便于货物的装满和卸空；⑤具有不小于 1 立方米的容积。集装箱这一术语的含义不包括车辆和一般包装。"

目前，许多国家制定标准（如日本工业标准 JISZ1613—72《国际大型集装箱术语说明》、法国国家标准 NFH 190—001—70《集装箱的术语》和我国国家标准

GB 1992—85《集装箱名词术语》）时都引用了这一定义。

二、国际标准集装箱

国际标准化组织 ISO/TC 104 技术委员会自 1961 年成立至今，先后制定和颁布了 3 种标准集装箱规格系列，即系列Ⅰ、系列Ⅱ、系列Ⅲ。因不断发展和淘汰，现系列Ⅱ、系列Ⅲ已不再被列入国际标准，ISO-668 现只有系列Ⅰ共 13 种集装箱标准规格作为国际标准，如表 2.1 所示。

表 2.1 国际标准集装箱

规格	箱型	长度（L）			宽度（W）		高度（H）			最大总重量	
		毫米	英尺 英寸		毫米	英尺	毫米	英尺 英寸		千克	磅[①]
10	ID	2 991	9'9" 3/4		2 438	8'	2 438	8'		10 160	22 400
	IDX						<2 438	<8'			
20	ICC	6 058	19'10" 1/2		2 438	8'	2 591	8'6"		24 000	52 900
	IC						2 438	8'			
	ICX						<2 438	<8'			
30	IBBB	9 125	29'11" 1/4		2 438	8'	2 896	9'6"		25 400	56 000
	IBB						2 591	8'6"			
	IB						2 438	8'			
	IBX						<2 438	<8'			
40	IAAA	12 192	40'		2 438	8'	2 896	9'6"		30 480	67 200
	IAA						2 591	8'6"			
	IA						2 438	8'			
	IAX						<2 438	<8'			

目前，在集装箱海运操作中，最常见的是 A 型和 C 型集装箱，即我们常说的40 尺集装箱和 20 尺集装箱，以及以这两个标准为基础的变形扩展集装箱，集装箱企业的绝大多数集装箱设施和设备都是按照这两个系列的集装箱来配备的。

为方便统计集装箱船舶的载运量、集装箱码头吞吐量、集装箱装卸机械的机械效率等，国际上通常以一个 20 尺集装箱作为一个当量箱来统计或换算，并用标准箱（twenty-foot equivalent unit，TEU）来表示。

国际标准集装箱换算单位如下：1TEU=1 个 20 尺集装箱；2TEU=2 个 20 尺集装箱=1 个 40 尺集装箱。

在业务操作中，需按照自然箱来统计作业量，即无论任何型号的集装箱，每

---

① 1 磅=0.453 592 千克。

个集装箱都被记为 1 个自然箱单元（unit）。

由于在火车、卡车的同一车皮、堆场的同一箱位、可装载（堆存）一个 40 尺集装箱的位置，必须可同时装载（堆存）两个 20 尺集装箱或一个 30 尺与一个 10 尺集装箱，因此，实际上除了 40 尺集装箱的长度允许正好为 40 尺外，30 尺、20 尺、10 尺的集装箱的长度均必须小于其公称长度。国际标准规定其长度之间的间距，必须为 3in（inch，英寸，1in=76 毫米），如图 2.1 所示的集装箱箱型尺寸关系。

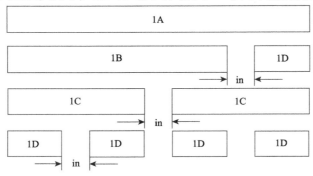

图 2.1　集装箱箱型尺寸关系

1A=1B+1D+in=9 125 毫米+2 991 毫米+76 毫米=12 192 毫米。

1B=3D+2in=3 × 2 991 毫米+2 × 76 毫米=9 125 毫米。

1C=2D+in=2 × 2 991 毫米+76 毫米=6 058 毫米。

为了适应不同货物的装载，出现了多种类型的集装箱，常见的有以下八种：干货集装箱（dry container）、散货集装箱（bulk container）、冷藏集装箱（reefer container）、开顶集装箱（open-top container）、框架集装箱（platform-based container）、牲畜集装箱（pen container）、罐式集装箱（tank container）和汽车集装箱（car container）。

专门用于运载集装箱的船舶称为集装箱船舶，它是集装箱物流网络中连接场与场或口岸与口岸之间的水路运输载体。集装箱船舶主要有多用途集装箱船、全集装箱船、滚装式集装箱船和载驳式集装箱船等，本书所称的集装箱船指的是全集装箱船。全集装箱船由于具有单甲板、大舱口、舱内格栅结构、高驾驶台、双层体结构及重舱底结构的特点，可以实现舱容的有效调整。

第二节　集装箱运输

集装箱运输，是指货物装在集装箱内进行运送的运输方式。它冲破了过去交通运输中的一切陈旧的规章制度和管理体制，形成了一套独立的规章制度和管理体制，是目前最先进的现代化运输方式。它具有安全、迅速、简便、价廉的特点，有利于减少运输环节，还可以通过综合利用铁路、公路、水路和航空等各种运输方式，进行多式联运，以实现"门到门"（door to door）运输。因此，集装箱运输一出现，就深受各方的欢迎，显示出强大的生命力和广阔的发展前景。

根据上海航运交易所发布的《2018/2019 年水运形势报告》（公开版），我们可以得出以下结论。

第一，外贸平稳增长，箱量同比增长。2018 年，虽然外贸环境日趋复杂，但中国市场在一系列措施推动下，对外进口、出口贸易均保持良好增长态势。中华人民共和国海关总署的统计数据显示，2018 年前 11 个月，中国外贸进出口总值约为 42 444.8 亿美元，同比上升 14.8%，增速较 2017 年同期增加 2.8 个百分点。其中，出口 22 720.4 亿美元，上升 11.8%，增速增加 3.8 个百分点；进口 19 724.4 亿美元，上升 18.4%，增速增加 1.1 个百分点。2018 年，中国港口集装箱吞吐量继续延续平稳增长势头，前 10 个月，规模以上港口集装箱吞吐量同比增长 5.1%；2019 年，中国港口集装箱吞吐量可达到 2.58 亿~2.85 亿 TEU。

第二，船队增速放缓，大船继续增加。据克拉克森统计，2019 年新船交付量约为 106.1 万 TEU，如果这些运力全部如期交付，截至 2019 年底全球集装箱船队运力将达 2 308.0 万 TEU，同比增长 4.8%，增幅比 2018 年底减少 0.9 个百分点。其中，1 2000~1 4999TEU 及 1.5 万 TEU 以上型船交付量分别为 32.4 万 TEU、49.6 万 TEU，同比分别增长 7.2%、下降 20.3%。如果上述船型订单全部交付，2019 年 1.2 万 TEU 以上型船的运力交付量将达 82.0 万 TEU，截至 2019 年底合计运力规模将达 642.4 万 TEU，同比增长 14.6%，占总运力比重为 27.8%，较 2018 年增加 2.4 个百分点，船舶大型化趋势明显。

一、集装箱运输的优越性与特点

自 20 世纪 50 年代以来，集装箱运输之所以能在全世界范围内迅猛发展，是因为这种运输方式具有突出的优越性和鲜明的特点。

（一）集装箱运输的优越性

1. 扩大成组单元，提高装卸效率，降低劳动强度

在装卸作业中，装卸成组单元越大，装卸效率越高。托盘成组化与单件货物相比，装卸单元扩大了 20~40 倍；而集装箱与托盘成组化相比，装卸单元又扩大了 15~30 倍。因此集装箱化对装卸效率的提高是个不争的事实。

2. 减少货损、货差，提高货物运输的安全与质量水平

由于集装箱是一个坚固密封的箱体，集装箱本身就是一个坚固的包装。货物装入集装箱并铅封后，途中无须拆箱倒载，可一票到底，即使经过长途运输或多次换装，也不易损坏箱内货物，大大减少了货损、货差，提高了货物运输的安全和货物运输的质量。根据我国的统计，用火车装运玻璃器皿，一般破损率在 30% 左右，改用集装箱运输后，破损率下降到 5% 以下；在美国，类似运输破损率不到 0.01%，日本也小于 0.03%。

3. 缩短货物在途时间，降低物流成本

集装箱化给港口和场站的货物装卸、堆码的全机械化和自动化创造了条件。标准化货物单元的加大，提高了装卸效率，缩短了车船在港口和场站停留的时间。据航运部门统计，一般普通货船在港停留时间约占整个营运时间的 56%，而采用集装箱运输，在港时间则可缩短到仅占营运时间的 22%。这一时间的缩短，对货主而言就意味着资金占用的大幅下降，可以很大程度地降低物流成本。

4. 节省货物运输包装费用，简化理货工作

集装箱是坚固的金属（或非金属）箱子。集装箱化后，货物自身的包装强度可减弱，包装费用下降。据统计，用集装箱方式运输电视机，本身的包装费用可节约 50%。同时，由于集装箱装箱通关后一次性铅封，在到达目的地前不再开启，也简化了理货工作，降低了相关费用。

5. 减少货物运输费用

集装箱可节省船舶运费，节省运输环节的货物装卸费用，由于货物安全性提高，运输中保险费用也相应下降。据英国有关方面统计，英国在大西洋航线上开展集装箱运输后，运输成本仅为普通件杂货运输的 1/9。

（二）集装箱运输的特点

1. 集装箱运输使"门到门"运输成为可能

这里的"门到门"，一端是指制造企业的"门"，另一端是指市场的"门"。所谓"门到门"，就是从制造企业将最终产品生产完毕，装入集装箱后，不管进行多长距离、多么复杂的运输，箱内货物在中途不再进行任何装卸与配载，一直到市场的"门"，货物才被卸下直接进入商场或交给客户。这既是这种运输方式的特点，又是采用这种运输方式所要达到的目标。凡使用集装箱运输的货物，都应尽量不在运输中途进行拆箱和装卸。

2. 集装箱运输使多式联运成为可能

由于集装箱是一种封闭式的装载工具，在海关的监督下装货铅封以后，可以一票到底直达收货人处，在不同运输方式之间换装时，海关及有关监管单位只需加封或验封转关放行，无须搬运箱内货物而只需换装集装箱，这就提高了换装作业效率与运输效率，适于不同运输方式之间的联合运输。

3. 集装箱运输是一种高效率的运输方式

这种高效率包含两方面的含义。一是时间上的高效率。由于集装箱在结构上是高度标准化的，与之配合的装卸机具、运输工具（船舶、卡车、火车等）也是高度标准化的，因此在各种运输工具之间换装与紧固均极迅捷，大大节省了运输时间。二是经济上的高效率。集装箱运输可以在多方面节省装卸搬运费用、包装费用、理货费用、保险费用等，并大幅降低货物破损损失。这些都决定了集装箱运输是一种高效率的运输方式。

4. 集装箱运输是一种高投资的运输方式

集装箱运输是一种资本高度密集的行业。首先，船公司必须对船舶和集装箱进行巨额投资。资料表明，集装箱船每立方英尺的造价约为普通货船的 3.7~4.0 倍，开展集装箱运输所需的高额投资，使得船公司的固定成本高达总成本的三分之二以上。其次，集装箱运输中港口的投资也相当大。专用集装箱泊位的码头设施包括码头岸线和前沿、货场、货运站，以及集装箱装卸机械等，耗资巨大。最后，为开展集装箱多式联运，还需有相应的内陆设施及货运站等，这方面的投资更是巨大。

5. 集装箱运输是一种高协作的运输方式

集装箱运输涉及面广、环节多、影响大，是一个复杂的运输系统工程。集装箱运输系统包括海运、陆运、空运、港口、货运站及与集装箱运输有关的海关、商检、船舶代理公司、货运代理公司等单位和部门。如果互相配合不当，就会影响整个运输系统功能的发挥，如果某一环节失误，必将影响全局，甚至导致运输生产停顿和中断。因此，集装箱运输要求整个运输系统各环节、各部门之间高度协作。

6. 集装箱运输是一种消除了所运货物外形差异的运输方式

在件杂货运输方式中，所运货物不管采用什么样的外包装，其物理、化学特性上的差异均比较明显，可以通过视觉、触觉和嗅觉加以区别。而集装箱则不然，货物被装入集装箱之后，其物理、化学特性全部被掩盖了，变成千篇一律的标准尺寸、标准外形的金属（或非金属）箱子，从其外形人们无法得到任何说明其内容的特征。

二、集装箱运输系统

集装箱运输是一种"门到门"的运输方式，是一种国与国之间的多式联运，因此集装箱运输必定是一个复杂的大系统。这个复杂的大系统可从"基本要素"和由"基本要素"不同组合方式形成的各个子系统等两个层面上去观察和认识。

（一）集装箱运输的基本要素

1. 适箱货物

并不是所有的货物都适合集装箱运输。从是否适合集装箱运输的角度，货物可分成以下四类。

（1）最佳装箱货。它是指物理与化学属性适合于通过集装箱进行运输，且货物本身价值高，对运费的承受能力强的货物。

（2）适于装箱货。它是指物理与化学属性适合通过集装箱进行运输，货物本身价值较高，对运费的承受能力较强的货物。

（3）可装箱但不经济的装箱货。它是指物理与化学属性上可以装箱，但货物本身价值较低，对运费的承受能力较差的货物。

（4）不适于装箱货。它是指物理与化学属性不适合装箱，或者对运费的承受能力很差，从经济上看不适合通过集装箱运输的货物。

集装箱运输所指的适箱货物（cargo），主要是前两类货物，即最佳装箱货和适于装箱货两类货物。对于适箱货物，采用集装箱方式运输是有利的。

2. 标准集装箱

前面已经列出了国际标准集装箱的含义。除了国际标准集装箱外，各国还有一些国内和地区标准集装箱，这里不予赘述。

3. 集装箱船舶

集装箱船舶是随着集装箱运输发展而产生的一种特殊船型，经历了一个由非专业到专业发展的过程。最早的集装箱船舶是件杂货与集装箱混装的，没有专门的装载集装箱的结构。发展到现在，在国际海上集装箱运输使用的集装箱船舶，均已专业化，而且船型越来越大，包括全集装箱船、半集装箱船与兼用集装箱船。内河运输的集装箱船大多是由原来的驳船改造的。

4. 集装箱码头

集装箱码头是集装箱水路运输的两端，是集装箱装卸、交接、保管的具体经办部门。早期的集装箱码头与件杂货码头交叉使用，是在件杂货码头的基础上配备少量用于装卸集装箱的机械，用于处理混装的件杂货船舶上的少量集装箱。这类码头目前在我国一些中小型的沿海港口和内河港口还经常可以看到。现代化的集装箱码头已高度专业化，码头前沿岸机配置、场地机械配置、堆场结构与装卸工艺配置均完全与装卸集装箱配套。

5. 集装箱堆场

集装箱堆场，也称集装箱码头堆场，包括集装箱前方堆场（marshalling yard）和集装箱后方堆场（container back yard），由专门的集装箱堆场经营人或码头经营人经营。集装箱前方堆场在集装箱码头前方，是为加速船舶装卸作业暂时堆放集装箱的场地。集装箱后方堆场是重箱或空箱进行交接、保管和堆存的场所。有些国家对集装箱堆场并不分集装箱前方堆场或集装箱后方堆场，统称为堆场。集装箱堆场现在都已高度专业化，堆场都配置有各种集装箱装卸机械和设备。

6. 集装箱货运站

集装箱货运站（container freigh station，CFS）是货物集中、疏散的场所，在整个集装箱运输系统中发挥"承上启下"的重要作用，是一个必不可少的基本要素。集装箱货运站按所处的地理位置和职能的不同，可分为设在集装箱码头内的货运站、设在集装箱码头附近的货运站和内陆货运站三种。集装箱货运站的主要职能与任务是对集装箱货物的承运、验收、保管与交付，拼箱货的装箱和拆箱作业，整箱货的中转，实箱和空箱的堆存和保管，票据单证的处理，运费、堆存费的结算，等等。

7. 集装箱卡车

集装箱卡车（container truck）主要用于集装箱公路长途运输、陆上各结点（如码头与码头之间、码头与集装箱货运站之间、码头与铁路办理站之间）之间的短驳，以及集装箱的"末端运输"（将集装箱交至客户手中）。

8. 集装箱铁路专用车

集装箱铁路专用车（railway special container flat car）主要用于铁路集装箱运输。集装箱铁路专用车主要用于集装箱的陆上中长距离运输和所谓的"陆桥运输"。

（二）集装箱运输子系统

集装箱运输的各个"基本要素"，以各种不同的方式组合起来，大致可以组成以下几种子系统。

1. 集装箱水路运输子系统

集装箱船舶、集装箱码头与集装箱货运站等基本要素组成了集装箱水路运输子系统。集装箱水路运输子系统主要用于完成集装箱的远洋运输、沿海运输和内河运输，是承担运量最大的一个子系统。集装箱水路运输子系统由集装箱航运系统和集装箱码头装卸系统两个次级系统组成。

2. 集装箱铁路运输子系统

集装箱铁路专用车、集装箱铁路办理站与铁路运输线等组成了集装箱铁路运输子系统，它是集装箱多式联运的重要组成部分。随着"陆桥运输"的起始与发展，集装箱铁路运输子系统在整个集装箱多式联运中发挥着越来越重要的作用。

3. 集装箱公路运输子系统

集装箱卡车、集装箱公路中转站与公路网络组成了集装箱公路运输子系统。集装箱公路运输子系统在集装箱多式联运过程中，主要用于完成短驳、串联和"末端运输"的任务。在不同国家和地区，由于地理环境、道路基础设施条件的不同，集装箱公路运输子系统处于不同的地位，发挥不同的作用。

4. 集装箱航空运输子系统

在相当长一段时期内，由于航空运输价格昂贵、运量小，集装箱的航空运输所占的份额很小。近年来，随着世界经济整体的增长，航空运输速度快、对需求响应及时、可缩短资金占用时间等优越性逐渐显现出来。集装箱航空运输子系统的地位正在逐渐提高。

三、集装箱货物分类

集装箱货物分类是根据研究目的，将货物按照某种标志划分为不同的类型和组别。对集装箱货物进行分类是为了反映和研究国民经济发展过程中各类货物使用运力情况，安排集装箱运输组织工作，通过不同的集装箱运输方式，使运输能力得到有效、合理的使用，有计划、按比例的发展，充分满足国民经济各方面的运输需要，保证货物运输的安全和货物运输质量的提高。

在需要运输的货物中，从技术角度看，不能用集装箱运输的很少，但从经济效益上考虑，就有不适宜集装箱运输的货物。例如，质量大、形状不规则的大件货物和运输量大且成批的货物。采用集装箱运输的货物的分类方法有多种，通常是按货物的性质、装箱运输适宜程度、装运形式进行分类。

（一）按货物的性质分类

集装箱货物按货物的性质可分为普通货物（general cargo）、典型货物（typical

cargo）、特殊货物（special cargo）。

1. 普通货物

普通货物可称为件杂货，是按货物性质不需要特殊方法保管和装卸的货物。其特点是货物批量不大，品种较多，包括各种车床、纺织机械、衣服类货物等。普通货物按包装形式和货物性质又可分为清洁货物（clean cargo）和污染货物（dirty cargo）两种。

（1）清洁货物又称"细货"（fine cargo），是指货物本身清洁干燥，在保管和运输时没有特殊要求，和其他货物混载时不易损坏或污染其他货物的货物。例如，纺织品、纤维制品、药材、罐头、橡胶制品、玩具等。

（2）污染货物又称"粗货"（rough cargo，troublesome cargo），是指货物本身的性质和状态使其容易发潮、发热、发臭等，容易对其他货物造成严重湿损、污损或熏染臭气的货物。例如，水泥、咸鱼、石墨、油脂、沥青、樟脑、胡椒等。

2. 典型货物

典型货物是指按货物性质和形态本身已包装的、需采用与该包装相适应的装载方法的货物，包括箱装货物（case cargo）、波纹纸板箱货物（corrugated cardboard cargo）、捆包货物（bale cargo）、袋装货物（bag cargo）、鼓桶类货物（drum cargo）、滚筒货物和卷盘货物（roller and reel cargo）、长件货物（long cargo）、托盘货物（pallet cargo）、危险货物（dangerous cargo）。典型货物的特点是对装卸要求较高。

（1）箱装货物，主要是指木箱装载的货物，其尺寸大小不一，从50千克以下的包装货物起到几吨重的大型机械木箱货均为箱装货，通常采用木板箱、板条箱、钢丝板条箱。装载的货物主要有玻璃制品、电气制品、瓷器制品等。

（2）波纹纸板箱货物，是指一般用于包装比较精细的和比较轻的货物，包括水果类、酒类、办公用品、工艺品、玩具等。

（3）捆包货物，是指根据货物的品种形态需要捆包的货物，包括纤维制品、羊毛、棉花、棉布、纺织品、纸张等。

（4）袋装货物，是指装在纸袋、塑料袋、布袋、麻袋内的货物。用纸袋装载的货物有水泥、砂糖；用塑料袋装载的货物有肥料、化学药品、可可、奶粉等；用麻袋装载的货物有粮食；用布袋装载的货物有粉状货物。

（5）鼓桶类货物，是指货物的包装外形是圆形或鼓形的，按包装形态分为铁桶、木桶、纸板桶等。装载的货物包括油类、液体和粉末化学制品、酒精、糖浆等。

（6）滚筒货物和卷盘货物，是按货物本身形态划分的，如塑料薄膜、钢瓶等属于滚筒货物，电缆、卷纸、卷钢、钢丝绳等属于卷盘货物。

（7）长件货物，是指货物的外形尺度较长的货物，主要包括原木、管子、横梁及特别长的木箱包装货物。

（8）托盘货物，是指货物本身需装在托盘上的货物。

（9）危险货物。危险货物是指本身具有易燃、易爆、有毒、有腐蚀性、放射性等危险特性的货物。该类货物装箱装船时必须有特别的安全措施，以保证运输设备及人身的安全。

3. 特殊货物

特殊货物是指在货物形态上具有特殊性、运输时需要用特殊集装箱装载的货物，包括笨重货物（heavy cargo）、液体货物和气体货物（liquid and gas）、散货（bulk cargo）、动植物检疫货物（livestock and plants）、冷藏货物（refrigerated cargo）、贵重货物（valuable cargo）、易腐货物（perishable cargo）等。

（1）笨重货物。笨重货物是指单件质量、尺寸较大，需用设备装卸的货物，如动力电缆，大型、重型机械设备等。

我国对水路运输中笨重货物的规定有以下三个标准：一是交通部沿海直属水运企业规定，重量超过 3 吨，长度超过 12 米；二是长江航运和各省（自治区、直辖市）沿海水运企业规定，重量超过 2 吨，长度超过 10 米；三是各省（自治区、直辖市）内河水运企业规定，重量超过 1 吨，长度超过 7 米。在国外，一般平均每件重量超过 3.6 吨的货物，均按笨重货物处理。

（2）液体货物和气体货物。液体货物和气体货物是指需装在桶、箱、罐、瓶等容器内进行运输的液体货物和气体货物，如酒精、酱油、葡萄糖、石油、胶乳、天然气等。

（3）散货。散货是指散装在舱内无特殊包装的货物，包括盐、谷物、煤炭、矿石、麦芽、树脂、黏土等。随着集装箱化的发展，多种装运散货的专用集装箱已出现，从而扩大了散货的适箱货源。

（4）动植物检疫货物。动植物检疫货物是指进出口的畜产品、活动物、植检货物等，如进出口的猪肉、腊肉、羊毛、兽皮、猪、狗、牛、马等家禽、家畜、树苗、苗木等。

（5）冷藏货物。冷藏货物是指需要保持在低温条件下采用冷藏集装箱运输的货物，如肉类食品、鸡蛋、水果、蔬菜、奶类制品等。

（6）贵重货物。贵重货物是指单件货物价格比较昂贵的货物，如精密仪器、家用电器、手工艺品、珠宝首饰、出土文物等。

（7）易腐货物。易腐货物是指在运输过程中因通风不良或遇高温、潮湿等原因容易腐败变质的货物，如肉类、食品、水果、蔬菜等。

（二）按货物是否适合装箱分类

（1）最适宜货物（prime suitable containerizable cargo）。这类货物一般价值比较高，海运运价也比较高，且易于破损和被盗。例如，酒类、医药用品、纺织品、服装、电视机等小型电器及小五金。

（2）适宜货物（suitable containerizable cargo）。这类货物本身价值不是很高，海运运价也比最适宜货物低一些，破损和被盗的可能性较小。例如，电缆、纸浆、袋装面粉、咖啡及轻工产品等。

（3）临界货物（marginal containerizable cargo）。这类货物虽然在技术上被装入集装箱是可能的，但是因为本身的价值和海运运价都较低，受损和被盗的可能性也很小，进行集装箱运输的经济效益并不显著，且形状、重量、包装也难以实现集装箱化。例如，钢锭、生铁及原木等。

（4）不适宜货物（unsuitable containerizable cargo）。这类货物有的是因物理性质不能被装入集装箱内，有的是在大量运输时，使用专用船运输反而能提高运输效率的货物。例如，废钢铁、长40尺以上的桥梁、铁塔等钢铁结构物。

（三）按货物装运形式分类

（1）包装货物。其特点是机械强度较低、货件小，包装后可保护货物，便于堆码，减少运输中的货损、货差。其包装形式有箱、桶、袋等多种。

（2）无包装货物。无包装货物又称裸装货物，其特点是机械强度高，体积较大，易于堆码。

（3）散装货物。其特点是运输时可散装在货箱或货舱内，也可装于罐状容器内。例如，粮谷、矿粉、煤炭、石油、酒类等。

（4）成组化货物。其特点是用标准化托盘将货物包装集中为一个集装单元，以便装运。

四、集装箱的选择

集装箱运输的货物品种较多，形态各异，因此，按货物种类选择集装箱可以充分利用集装箱的容积和重量，减少货损。按货物的种类、性质、体积、重量、形状选择合适的集装箱是十分必要的。

常用的集装箱有杂货集装箱、开顶集装箱、台架式集装箱、平台集装箱、冷藏集装箱、散货集装箱、通风集装箱、动物集装箱、罐式集装箱、车辆集装箱、贵重金属集装箱、抽屉式集装箱、隔板式集装箱等。

（1）普通货物适用的集装箱有杂货集装箱、开顶集装箱、通风集装箱、台架式集装箱、散货集装箱等。

（2）难以从箱门进行装卸而需要由箱顶上进行装卸作业的货物、超高货物、玻璃板、胶合板、一般机械和长尺度货物等适用开顶集装箱。

（3）麦芽、大米等谷物类货物，干草块、原麦片等饲料，以及树脂、硼砂等化工原料，适用散货集装箱。

（4）肉类、蛋类、奶制品、冷冻鱼肉类、药品、水果、蔬菜等适用冷藏集装箱和通风集装箱。

（5）超重、超高、超长和超宽货物适用开顶集装箱、台架式集装箱和平台集装箱。

（6）兽皮、食品类容易引起潮湿的货物适用通风集装箱。

（7）酱油、葡萄糖、食油、啤酒类、化学液体和危险液体适用罐式集装箱。

（8）猪、羊、鸡、鸭、牛、马等家禽、家畜适用动物集装箱。

（9）摩托车、小轿车、小型卡车、各种叉式装卸车、小型拖拉机等适用车辆集装箱。

（10）铝、铜等较为贵重的货物适用贵重金属集装箱。

（11）散件货物适用台架式集装箱、平台集装箱。

（12）弹药、武器、仪器、仪表适用抽屉式集装箱。

以上按货物种类选择集装箱的方法是从货物本身的特点来考虑的。实际上也可从集装箱对货物的适应性角度，表明不同货物对集装箱的适用性，如表 2.2 所示。

表 2.2　不同货物对集装箱的适用性

集装箱种类	货物种类
杂货集装箱	清洁货物、污染货物、箱装货物、危险货物、滚筒货物、卷盘货物等
开顶集装箱	超高货物、超重货物、清洁货物、长件货物、易腐货物、污染货物等
台架式集装箱	超高货物、超重货物、袋装货物、捆包货物、长件货物、箱装货物等
散货集装箱	散货、污染货物、易腐货物等
平台集装箱	超重货物、超宽货物、长件货物、散货、托盘货物等
通风集装箱	冷藏货物、动植物检疫货物、易腐货物、托盘货物等
动物集装箱	动植物检疫货物
罐式集装箱	液体货物和气体货物等
冷藏集装箱	冷藏货物、危险货物、污染货物等

第三节　集装箱运输方式的选择

在集装箱运输中，根据实际交接地点不同，集装箱货物的交接有多种方式。

在不同的交接方式中，集装箱承运人与发货人各自承担的义务、责任不同，集装箱承运人的运输组织内容、范围也不同。下面从装箱方式、货物组织形式、交接地点和交接方式来说明集装箱运输方式的选择。

一、集装箱装箱方式与货物组织形式

1. 集装箱装箱方式

（1）整箱。它是指发货人向集装箱承运人或租赁公司租用一定的集装箱，将空箱运到工厂仓库后，在海关人员监管下，发货人把货物装入集装箱内，加锁铅封后，交承运人并取得站场收据，最后凭收据换取提单或运单。

（2）拼箱。它是指集装箱承运人接受发货人托运的数量不足整箱的小票货运后，根据货物性质和目的地进行分类整理，把去往同一目的地的货物集中到一定数量，拼装入箱。

以上两种装箱方式生成两种货物的集散方式。

（1）整箱货（full container cargo load，FCL），是指由发货人负责装箱、计数、填写装箱单，并由海关加铅封的货物，通常只有一个发货人和收货人。通常一批货物达到一个集装箱内容积的75%或集装箱载重量的90%，即可认为是整箱货。有时发货人货物少，如搬家物品或珍贵物品，不愿和其他发货人的货物拼装一个集装箱，并愿意自己承担一个整箱的费用，这时集装箱承运人对之也按整箱货处理。整箱货的拆箱，一般由收货人办理，也可以委托承运人在货运站拆箱，但是集装箱承运人不负责集装箱内的货损、货差，除非发货人举证确属集装箱承运人责任事故的损害，集装箱承运人才负责赔偿。集装箱承运人对整箱货以箱为交接单位，只要集装箱外表与收箱时相似和铅封完整，集装箱承运人就完成了承运责任。整箱货提货单上要加上"委托人装箱、计数并加铅封"的条款。

（2）拼箱货（less than container cargo load，LCL），是整箱货的相对用语，是指不足一个集装箱内容积的75%和集装箱载重量的90%的托运货物。这种货物装不满一整箱，通常是由集装箱承运人分别揽货并在集装箱货运站或内陆站集中，而后将两票或两票以上的货物拼装在一个集装箱内，同样要在目的地的集装箱货运站或内陆站拆箱后分别交货。对于这种货物，集装箱承运人要负担装箱与拆箱作业，装拆箱费用仍向发货人收取。集装箱承运人对拼箱货的责任，基本上与传统件杂货运输相同。

2. 集装箱货物组织形式

（1）拼箱货装，整箱货拆。

（2）拼箱货装，拼箱货拆。

（3）整箱货装，整箱货拆。

（4）整箱货装，拼箱货拆。

从以上四种货物组织形式来看，第一种是把几个发货人的货物拼箱装货发给一个收货人整箱拆货，也就是说，装货时是拼箱货集装箱，收货时是整箱货集装箱；第二种是不同的发货人发货给不同的收货人收货，即装货时是拼箱货集装箱，交货时也是拼箱货集装箱；第三种是一个发货人发货给一个收货人收货，即装货时是整箱货集装箱，交货时也是整箱货集装箱；第四种是一个发货人发货给几个收货人收货，即装货时是整箱货集装箱，交货时是拼箱货集装箱。

二、集装箱货物的交接地点与交接方式

集装箱货物的交接地点是指集装箱运输系统中集装箱码头堆场、集装箱货运站、发货人或收货人的工厂或仓库（门/door）等三类结点，集装箱货物的交接一般都是在这三个结点上进行的，前文已对集装箱码头堆场及集装箱货运站的含义做了介绍，故在此不予赘述。

（1）集装箱堆场。在集装箱堆场交接的货物都是整箱交接。在发货港集装箱堆场交接意味着发货人自行负责装箱及集装箱到发货港集装箱堆场的运输。在卸货港集装箱堆场交接意味着收货人自行负责集装箱货物到最终目的地的运输和拆箱。

（2）集装箱货运站是处理拼箱货的场所。它办理拼箱货的交接、配积载后，将集装箱送往集装箱堆场，还接受集装箱堆场交来的进口货箱，并对其进行拆箱、理货、保管，最后拨交给收货人。在起运地集装箱货运站交接意味着发货人自行负责将货物送到集装箱货运站，在到达地集装箱货运站交接意味着收货人自己到集装箱货运站提取货物，并自行负责提货后的事宜。

（3）发货人或收货人的工厂或仓库。在发货人或收货人的工厂或仓库交接的货物都是整箱交接。一般意味着发货人或收货人自行负责装箱或拆箱。

由以上三种交接地点可两两派生出九种交接方式，如图 2.2 所示。

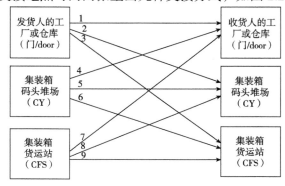

图 2.2　集装箱货物的交接方式

（1）门到门（door to door）交接方式。这种方式一般是货物批量较大、能装满一箱的发货人，把空箱拉到自己的工厂或仓库装箱后，由海关在工厂或仓库内加封验收；集装箱承运人在发货人工厂或仓库整箱接货，然后把重箱运到集装箱堆场，等待装船；在目的地港，由集装箱承运人负责把货物运到收货人的工厂或仓库整箱交付；收货人在其工厂或仓库整箱接货。因此，门到门的集装箱运输一般均为整箱货运输，集装箱承运人负责全程运输。

（2）门到场（door to CY）交接方式。这种方式是发货人负责装箱并在其工厂或仓库整箱交货；集装箱承运人在发货人工厂或仓库整箱接货，并负责运抵卸货港，在集装箱堆场整箱交货；收货人负责在卸货港集装箱堆场整箱提货。这种交接方式表示集装箱承运人不负责目的地的内陆运输。在这种交接方式下，货物也都是整箱交接。

（3）门到站（door to CFS）交接方式。这种方式是发货人负责装箱并在其工厂或仓库整箱交货，集装箱承运人在发货人工厂或仓库整箱接货，并负责运抵卸货港集装箱货运站，经拆箱后按件向各收货人交付。在这种交接方式下，集装箱承运人一般是以整箱形态接受货物，以拼箱形态交付货物。

（4）场到门（CY to door）交接方式。这种方式是发货人负责装箱并运至装货港集装箱堆场整箱交货；集装箱承运人在装货港集装箱堆场整箱接货，并负责运抵收货人工厂或仓库整箱交货；收货人在其工厂或仓库整箱接货。在这种交接方式下，货物也都是整箱交接。

（5）场到场（CY to CY）交接方式。这种方式是发货人负责装箱并运至装货港集装箱堆场整箱交货；集装箱承运人在装货港集装箱堆场整箱接货，并负责运抵卸货港集装箱堆场整箱交货；收货人负责在卸货港集装箱堆场整箱提货。在这种交接方式下，货物的交接形态一般都是整箱交接，承运人不负责内陆运输。

（6）场到站（CY to CFS）交接方式。这种方式是发货人负责装箱并运至装货港集装箱堆场整箱交货；集装箱承运人在装货港集装箱堆场整箱接货，并负责运抵卸货港集装箱货运站或内陆货运站拆箱按件交货；收货人负责在卸货港集装箱货运站按件提取货物。在这种交接方式下，集装箱承运人一般是以整箱形态接受货物，以拼箱形态交付货物。

（7）站到门（CFS to door）交接方式。这种方式是发货人负责将货物运至集装箱货运站按件交货；集装箱承运人在装货港集装箱货运站按件接受货物并装箱，负责运抵收货人工厂或仓库整箱交货；收货人在其工厂或仓库整箱接货。在这种交接方式下，集装箱承运人一般是以拼箱形态接受货物，以整箱形态交付货物。

（8）站到场（CFS to CY）交接方式。这种方式是发货人负责将货物运至集装箱货运站按件交货；集装箱承运人在集装箱货运站按件接受货物并装箱，负责运抵卸货港集装箱堆场整箱交货；收货人负责在卸货港集装箱堆场整箱提货。

在这种交接方式下，集装箱承运人一般是以拼箱形态接受货物，以整箱形态交付货物。

（9）站到站（CFS to CFS）交接方式。这种方式是发货人负责将货物运至集装箱货运站按件交货；集装箱承运人在集装箱货运站按件接受货物并装箱，负责运抵卸货港集装箱货运站拆箱后按件交货；收货人负责在卸货港集装箱货运站按件提取货物。在这种交接方式下，货物的交接形态一般都是拼箱交接，如图 2.3 所示。

图 2.3　站到站交接方式下的集装箱货物流转示意图

第四节　本　章　小　结

本章主要针对本书中倒箱率问题研究的背景——集装箱及集装箱运输进行了较为详尽的阐述。首先，介绍了集装箱相关的基础知识，如集装箱的概念、集装箱尺寸标准；其次，围绕集装箱运输的优越性与运输特点进行了总结，并详细说明了集装箱运输系统的基本构成要素及其子系统划分；再次，从不同角度对集装箱可载运的货物进行分类，并给出不同货物分类下的集装箱选择方法；最后，对集装箱装箱方式与货物组织形式，以及集装箱货物的交接地点与交接方式进行了分析与概述。

第三章　集装箱码头生产系统及调度体系

第一节　集装箱码头装卸设备及工艺

一、集装箱码头的功能及布局

集装箱码头是专供停靠集装箱船舶，装卸集装箱用的港口作业场所。集装箱码头主要具备以下功能。

（1）具有连接水路与其他多种运输方式的枢纽功能。

（2）具有各种运输方式的转换功能。

（3）具有集装箱集疏、缓冲的功能，是一个强大的网络的场。

（4）在进出口贸易中，对一个国家来说是一个终端场，有"关"或"门"的职能。

集装箱码头的整体布局如图 3.1 所示。

集装箱码头的规范布局如图 3.2 所示。

由图 3.1 与图 3.2 可知，集装箱船停靠于泊位中。泊位是指在码头内，供船舶停靠的岸壁线与对应水域构成的区域。泊位的长度和水深是确定其所能靠泊的集装箱船大小的基础条件。码头前沿是装卸桥进行集装箱装卸作业的场地。集装箱堆场即集装箱等待装船或卸船后疏运的场所，是集装箱的集疏运缓冲地，根据位置分布可分为集装箱前方堆场和集装箱后方堆场两部分，根据功能不同可划分为重箱区、空箱区、冷藏箱区、危险品箱区等。集装箱堆场中装卸机械、搬运机械和堆码机械主要有：装卸桥（quay crane，岸桥）、牵引车、跨运车（straddle carriers）、叉车、龙门吊和正面吊（stackers）。闸口是集装箱陆路进出码头的通道。仓库是

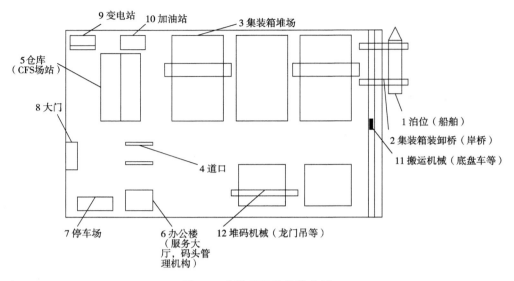

图 3.1　集装箱码头整体布局

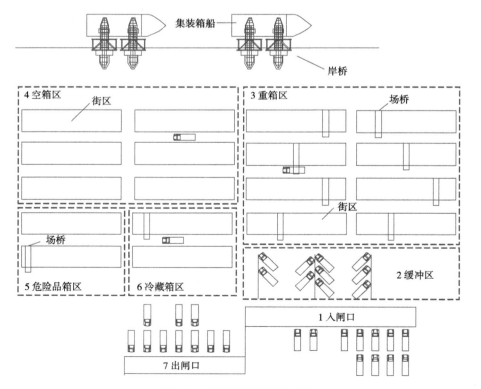

图 3.2　集装箱码头规范布局

集装箱货物拆装箱的场所，可以生成和拆解集装箱。道口是集装箱陆路进出码头的通道。办公楼是码头生产指挥和管理中心。

上述集装箱码头布局的构成要素，有的是必要的，有的是可选择的。这取决于集装箱码头的资源成本和经营模式的选择。

二、集装箱码头的主要机械设备

集装箱码头的主要机械设备主要有以下几种。

（1）岸边装卸机械，主要指集装箱装卸桥，又称岸桥，其主要功能是将集装箱吊上、吊下，完成集装箱从船到岸之间的装卸任务。如图 3.3（a）所示。岸桥的吊起重量高达 65 吨，吊臂长度为 35~65 米，小车的行走速度为 90~250 米/分，吊臂的水平高度可达 45 米，这些均是决定装卸船舶大小的重要指标。

（a）岸桥　　　　　　　　　　　　　（b）龙门吊

图 3.3　装卸机械示意图

（2）龙门吊，用于存取集装箱堆存区域中的集装箱，以及集装箱在堆存区域与集卡之间的传递，如图 3.3（b）所示。龙门吊可分为轮胎式龙门吊（rubber tier gantry crane，RTGC）及轨道式龙门吊（rail mounted gantry crane，RMGC）两种，前者以轮胎行进，调度容易，堆垛高度一般在 3~4 层，适合于处理集装箱少的堆场，后者受特定轨道限制，灵活性较低，但堆垛高度可达 9 层，因此适合处理规模较大的集装箱堆场。

（3）跨运车，是一种专门从事短途水平搬运的机械，如图3.4（a）所示。跨运车机动性高，可直接行驶在岸边与堆存区域间，是堆存区域与岸桥间集装箱的运送设备，也可以用于堆存区域中集装箱的存取作业，但一次仅能处理最多 3 个集装箱。现阶段，我国只有宁波港和厦门港的码头配备跨运车。

（a）跨运车

（b）场内拖车

（c）正面吊

图 3.4　搬运机械示意图

（4）场内拖车（truck，集卡），负责集装箱的运送，配合集装箱堆存区域龙门吊与岸桥的作业，将集装车运往船边供岸桥抓取上船，或将卸船后的集装箱运至堆场中交由龙门吊堆放，如图 3.4（b）所示。

（5）正面吊是集装箱堆场中非常受欢迎的一种港口机械，如图 3.4（c）所示。它可用于处理空箱或重箱，可将集装箱夹起并移动，不需要拖车的辅助，因此机动性较高，但需要保留龙门吊的行驶空间。

三、集装箱码头装卸工艺

集装箱码头装卸工艺是指根据集装箱码头的场地规模、地面承重能力及现有的各种装卸搬运设备，对集装箱码头各个作业环节，采用不同的港口机械连接，进行集装箱装卸船作业的一种有效组合的作业程序或作业模式。码头工作人员应以较低的作业成本、较高的作业效率，以合理和经济的原则来配置集装箱码头的设施和设备，组织和完成码头的集装箱装卸、搬运和堆码任务。

集装箱码头装卸工艺主要包括以下几种[9]。

1. 底盘车系统

底盘车系统是一种早期的工艺系统，它要求集装箱堆场占地面积大，集装箱在堆场无须码垛堆放，但需要大量的底盘车。它适用于吞吐量较小的集装箱码头，能保证集装箱在码头有较好的流动性。底盘车系统如图 3.5 所示。

图 3.5　底盘车系统

2. 跨运车系统

在跨运车系统中，岸桥装卸集装箱的效率得以提高，但对集装箱码头地面的承重能力要求较高。跨运车系统如图 3.6 所示。

图 3.6　跨运车系统

3. 龙门吊系统

龙门吊系统被各港口普遍采用，加大了集装箱在码头的堆存和缓冲能力，但对场地投资要求较多。龙门吊系统如图 3.7 所示。

图 3.7　龙门吊系统

4. 叉车系统

叉车系统的投资少，机动灵活，但作业效率较低，一般适用于集装箱吞吐量较小或多用途集装箱码头。叉车系统如图 3.8 所示。

图 3.8　叉车系统

5. 正面吊系统

正面吊系统的作业效率较低，但作业灵活，可一机多用。正面吊系统主要适用于特种集装箱的装卸作业及集装箱吞吐量较小或多用途集装箱码头或场站。正面吊系统如图 3.9 所示。

图 3.9　正面吊系统

6. 混合式系统

混合式系统是将以上各种搬运机械，在水平运输、集装箱收发中的混合使用，包括空箱的堆码等。混合式系统适用于大型、中转的集装箱码头，如图 3.10 所示。

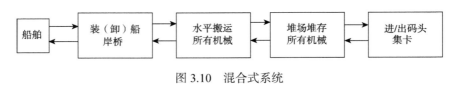

图 3.10　混合式系统

第二节　集装箱堆场作业计划

集装箱堆场是衔接集装箱水路运输与陆路运输的节点，是进出口集装箱进行交换、保管和堆存的场所。最大限度地发挥集装箱堆场的利用率，可以降低码头的生产成本。集装箱堆场管理是保证装船效率、提高码头集装箱通过能力的重要保证。除此之外，集装箱堆场还可以进行集装箱的维修、清洗等工作。

集装箱堆场的特殊性表现在：既要保管好货物，又要保管好集装箱；集装箱可实现立体堆放，堆放容量大，但是会带来箱子压损或提箱翻倒的不利因素；由于有码头外的货运站，集装箱堆场的补给能力很强。

集装箱堆场管理包括堆场布局、集装箱收发、堆场堆放及集装箱管理等内容，其重要性表现在以下几点：代替航线经营人管理在集装箱码头的集装箱；集装箱堆场布局模式的选择，影响集装箱码头的作业模式；集装箱在堆场中合理堆放，有利于提高装船效率；正确的码垛方法可以通过减少倒箱的发生以降低作业成本；现代实时跟踪技术可以保证集装箱的安全；可以最大限度地发挥场地的利用率，降低集装箱码头的生产成本。

外卡提箱作业计划和外卡进箱作业计划如图 3.11 所示，作为集装箱堆场作业计划的主要组成部分，其优劣程度对集装箱堆场整体作业情况有很大的影响[10]。很显然，外卡提箱作业计划是针对进口集装箱而言的，外卡进箱作业计划是针对出口集装箱而言的。其中，外卡进场的环节又称为进场作业，集装箱码头对此十分重视。

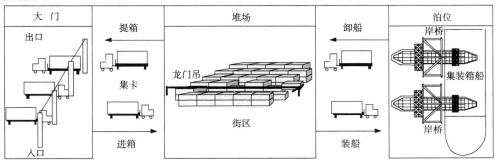

图 3.11　集装箱堆场作业示意图

在安排进场作业时，首先，应明确集装箱堆场箱区的分类。按业务类型不同，可将集装箱堆场箱区划分为进口箱区与出口箱区两种；按货物种类不同，可将集装箱堆场箱区划分为普通箱区、危险品箱区、冷藏箱区、特种箱区及中转箱（铁路）区等；按集装箱状态不同，可将集装箱堆场箱区划分为重箱区与空箱区。值得一提的是，集装箱堆场箱区的划分和指定并不是固定不变的，是可以根据实际情况和需要进行调整的。

集装箱进场安排的依据可归纳为：由计划调度室根据船图、舱单、装箱单和卸货港，编制装船、卸船顺序单、集装箱堆放图，并将这些图、单传送给中控室，中控室根据图、单上的内容，通过计算机进行处理，指挥进港的集装箱到指定的箱区、箱位。

针对出口集装箱而言，其进场堆放时必须遵循一定的规则，以便出口集装箱在配载装船时，减少倒箱，提高装船效率。首先，中控室进行计算，规划出每个集装箱的堆存位置；其次，将安排信息传至道口；最后，道口处打印小票，指挥入港集装箱的去向及堆存位置，进行进场作业。出口集装箱的堆放有以下两种情形[11]。

（1）贝堆放

这种堆放情形适用于龙门吊堆放规则。简言之，就是在同一贝内，将同一箱型、同一卸货港、同一吨级的集装箱堆放在同一排。实施时，将最重的集装箱堆放在靠近车道的一排，将最轻的集装箱堆放在位置最里面的排，将次重的集装箱堆放在较中间的排。

（2）列堆放

这种堆放情形适用于叉车式堆放规则。简言之，就是在同一列内，将同一箱型、同一卸货港、同一吨级的集装箱堆放在同一贝。实施时，将最重的集装箱堆放在靠近车道的一贝，将最轻的集装箱堆放在位置最里面的贝，将次重的集装箱堆放在较中间的贝。

需要指出的是，当由多条通道进箱时，堆场会采取分组或分头作业的方式。为避免将集装箱搞混，堆场要求集卡司机必须持票作业。

针对进口集装箱而言，流程可描述为：根据计划调度室的计划、编制的卸船顺序单，中控室在组织卸船作业中，各船及所属的各作业组应根据卸船作业单的要求严格按程序作业。进口集装箱的堆放应遵循以下三点。

（1）同一贝中提单号相同的集装箱堆放进同一排。

（2）按贝为作业单位，一个贝堆码结束后，再选择另一个贝。

（3）若集装箱在实际堆放时出现与卸船顺序单有差异的情况，要及时通知中控室。

第三节　集装箱出口装船作业流程

本书主要研究的是出口集装箱的作业优化，故在本节简要介绍集装箱的出口业务流程。集装箱码头出口业务流程分为五大部分，即船舶抵港前业务、出口集装箱集港业务、出口集装箱堆放业务、装船作业及装船结束[12]。

（一）船舶抵港前业务

集装箱码头计划调度室在船舶抵港前必须向船公司或其代理人收集：出口集装箱预配载图、出口集装箱舱单及船舶预计抵港时间。其中，集装箱预配载图是船公司对订舱单进行分类整理后编制而成的，是集装箱船舶配载中最重要、最关键的环节，由字母、重量图、特殊箱图组成。

集装箱码头计划调度室根据以上资料，制订如下计划：船舶靠泊计划、出口集装箱集港计划、堆场堆存计划及装船作业计划，并根据装船作业计划制作装船顺序单，编制集装箱在堆场的堆放图。

（二）出口集装箱集港业务

首先，根据船舶预计到港时间确定集港时间，集港时间一般为具体的时间段。其次，通知航线经营人或代理人按指定时间段进行集港。集港时，在受理台办理出口、入港手续、费用结算等；在道口进行验箱、验单。最后，集装箱按堆放图入场堆放。

（三）出口集装箱堆放业务

通常，依据船舶靠泊计划指定街区进行堆放，依据出口船舶配载图（图3.12）编制出口堆放图。最后，按要求进行堆放操作。

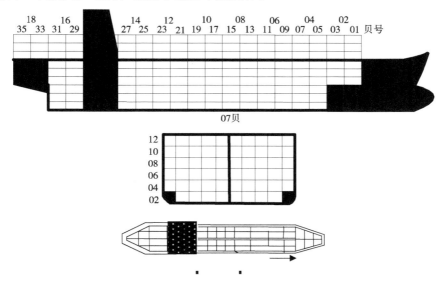

图 3.12　船舶配载图

图 3.12 为船舶主视图中某列的剖面图。贝图中的小方块为舱位。贝图横向是列号，以船舶中剖线为基准，向右、左分别以奇数、偶数表示；用层号表示垂直坐标，舱内集装箱层编号从舱底开始，舱上面层编号从舱面开始。

（四）装船作业

计划调度室编制出口配载图和装船顺序单，堆场业务员按照装船顺序单，核对无误后发箱，并在装船顺序单上注明。当搬运机械将集装箱运至码头前沿后，桥边验箱员核对搬运机械和装船顺序的顺序要求，确认无误后指挥岸桥将集装箱吊起装船。船边指挥员按装船顺序单验箱，核对箱号、封志号，将集装箱放在指定舱位，并作具体时间记录。如需调整，必须征得大副同意，并通知中控室人员。外轮理货员记录集装箱实际装载的箱位。装船完毕后，由船长或大副在"码头装卸作业签证"上签字，并同时在出口配载图上签字，完成装船作业[13, 14]。

（五）装船结束

交班：指导员将本班做完的装船顺序单汇总（包括堆场的、桥边的装船顺序单），交予控制室的船舶控制员签收，并会同桥边验箱员、堆场业务员与下一班的相关人员现场交接。

完工：指导员汇总桥边验箱员与堆场业务员的工作情况，将完成的装船顺序单与外轮理货员核对、交接，确认装船结束。将完成的装船顺序单交中控室，报告装船完毕。

单证处理：外理和控制室将装船后的相关单证整理后保存，上报计划调度室，传至数据中心和商务部门，并转送集装箱承运人或其代理人。

出口装船作业流程如图 3.13 所示。

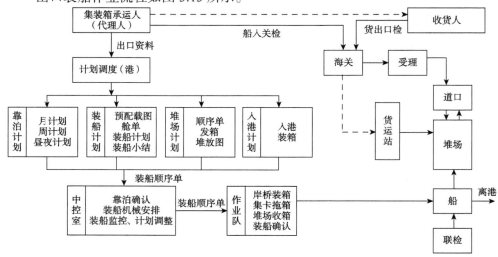

图 3.13　出口装船作业流程

第四节　本　章　小　结

本章承接第二章的内容，对倒箱问题研究的另一个重要背景——集装箱码头生产系统及调度体系进行了深入剖析与总结。首先，针对集装箱码头装卸设备及工艺进行了详细阐述，包括集装箱码头的功能及布局、集装箱码头的主要机械设备、集装箱码头装卸工艺；其次，介绍了集装箱堆场作业计划的种类及对应的作业流程；最后，针对本书主要的研究问题——出口集装箱的作业优化，简要介绍了集装箱出口业务流程的五大组成部分，并给出了综合的出口集装箱装船作业流程。

第四章　相关理论基础与研究综述

集装箱堆场出口集装箱倒箱控制优化问题属于最优化研究的范畴，因此本章首先阐述最优化的相关原理，在此基础上，对集装箱堆场倒箱问题的研究现状加以分析，总结归纳已有的研究成果与不足，为本书的研究奠定理论基础。

第一节　最优化相关理论

一、最优化的内涵及最优化问题

最优化，是应用数学的一个重要研究领域，主要研究以下形式的问题：给定一个函数 $f: A \to R$，寻找一个元素 $x^0 \in A$，使得对于所有 A 中的 x，$f(x^0) \leqslant f(x)$（最小化），或者是 $f(x^0) \geqslant f(x)$（最大化）。该类定式还可称为"数学规划"，许多现实和理论问题都可以建模成这样的一般性框架。典型地，A 一般为欧几里得空间 R^n 中的子集，通常由一个 A 必须满足的约束等式或不等式来规定。A 的元素被称为可行解，函数 f 被称为目标函数或者代价函数，一个最小化（或者最大化）目标函数的可行解被称为最优解。运筹学中出现的问题大多是最优化研究的问题，因此运筹学的许多分支，如数学规划、组合最优化、排队论，以及决策论等也是最优化的组成部分。此外，最优化还包括诸如工程最优设计、最优控制（控制论与运筹学的交叉分支）等。狭义地说，最优化即指数学规划，有时也专指非线性规划。

通常，在处理生产过程、金融投资、工程应用、机械设计、经营管理等实际问题时，人们都希望以最优的方式获得最佳的处理结果，以求得人力、物力和财力的合理运用。如何运用数学和工程的方法获取这个最佳处理结果的问题称为最优化问题。而针对最优化问题确定一系列的可行方案，然后从可行方案中通过分析、比较和判断选取满足要求的方案，使所得结果最佳的方法称为最优化方法。

当今时代，"优化"一词变得日趋热门。在发展宏观经济时，讲究的是实现资源的优化配置；在进行企业资源管理时，要求的是优化生产计划；在研发新产品时，强调的是性价比的提升优化。在日常生活中，优化实例比比皆是。在日常消费时，考虑的是尽可能以最少的花费获得尽可能多而实用的消费品；在安排出行时，考虑的是交通费与交通工具运行时间的平衡；等等。上述问题虽然限制条件与目标不同，但规划的目的都是使资源能够最优化地得到运用。

由于最优化问题的多变，最优化方法也是变化无穷的，运筹学中处理的问题绝大多数是最优化问题，用来解决这些问题的方法，如数学规划（其中包括线性和非线性规划、IP、动态规划、多目标规划和随机规划等）、排队论，决策分析、组合最优化、模拟技术等，自然属于最优化方法的范畴。除此之外，最优化还包括工程控制、最优控制、系统科学等[15]。

二、最优化理论与方法

最优化理论是关于系统的最优设计、最优控制、最优管理问题的理论与方法，是最有价值、最常用的定量分析方法之一。在一系列十分复杂的限制条件下，人们凭直观经验往往难以做出正确决策，此时最优化理论成为众多分析方法中的首选。

最优化理论与方法自古就有，最典型的实例就是黄金分割法（即 0.618 法），黄金分割法至今在优选法中仍得到广泛应用。在微积分出现以前，已有许多学者开始研究如何使用数学方法分析最优化问题并给出相应的解。

最优化方法真正成为科学方法是在 17 世纪以后。牛顿和莱布尼茨在他们创建的微积分理论中给出了求函数极值的必要条件，提出了求解具有多个自变量实值函数的最大值和最小值的方法，为最优化问题的解决提供了理论基础。而后，最优化方法很长一段时间发展缓慢，该期间理论界主要考虑了最优化中有约束的复杂情况，又进一步讨论具有未知函数的函数极值，从而形成变分法。同时，一些简单的库存模型的处理也应运而生。然而，这些方法都属于精确的分析方法，一旦遇到具体的优化问题就会产生很大的困难，因而并没有真正为解决最优化问题提供有效的手段和方法。这一时期的最优化方法称为古典最优化方法。

直到 20 世纪 50 年代，第二次世界大战前后，由于军事上的需要，运筹学产生了，理论界提出了大量不能用古典方法解决的最优化问题，传统最优化理论逐渐被现代最优化理论替代，以 Dantzig 为代表的线性规划，以 Kuhn-Tucker 为代表的非线性规划，以 Bellman 为代表的动态规划，以 Pontriagin 为代表的极大值原理和 Kalman 的关于随机控制系统最优滤波器等不断产生。这些方法后来都形成了体系，成为近代很活跃的学科，对促进运筹学、管理科学、控制论和系统工程等学科的发展发挥了重要作用。

现代最优化理论就是把评价的基准量 Y 表达为管理变量（或决策变量，或可控制量）X 的函数，令 Y 为极小或极大并用数量方法定出此时决策变量 X 的数学规划法。数学上的最优化要求有一个"目标函数"及"约束条件"的限定。"目标函数"是指利润值或其他收益值，也可能指的是成本。"约束条件"是在考虑选择某一方法时必须遵守的数学上的限制。使用数学规划法就是从大量允许的（或可能的）决策方案中找出最优的决策或政策的一种方法。

应用现代最优化理论可以成功地解决许多方面的决策问题。例如，管理决策中常见的生产计划（确定一个企业不同生产时期的生产水平。约束条件是在满足需要又不超过生产和贮存能力的前提下，如何把贮存成本和生产成本降到最低，或将利润增到最大）、资源分配（如何最合理地分配资金、人力、矿藏或原料等资源。约束条件是可供使用的有限的资源数量，目标则是应能获得的最大利润或整体的最大利益）和仓库管理问题（目标是确定筹措订货以补充库存的最优时刻及确定最优质量，从而把全部成本降到最低限度。约束条件是仓库的贮存能力等）都可应用现代最优化理论来解决。

此后，计算机的兴起和日益普及，使得原来从根本上制约优化设计方法的大运算量问题得以解决，为数值优化方法的发展提供了有效的手段。同时，随着科学技术和生产的迅速发展，一些复杂的工程设计和管理体系出现，为最优化方法的实际应用提供了可能性，于是最优化方法得到了极大的关注，最优化技术也突飞猛进，迅速成为一门热门的新兴学科，得到广泛应用并创造了巨大的经济效益和社会价值。这个技术热点也促使现代最优化的数学理论随之建立起来，它主要以数学规划法为理论基础，以电子计算机为主要计算工具，研究各种系统的优化途径及方案，为决策者提供科学决策的依据。

本书针对集装箱堆场出口集装箱倒箱问题的研究，实为对最优策略的研究，该过程中需考虑多种现实因素，涉及变量较多，因此该优化问题属于 NP-难问题，无论哪一个环节都难以运用精确算法进行求解，需要设计启发式算法寻求近似最优解。

第二节　集装箱堆存作业优化问题研究

在国内外文献中，寻找最优的集装箱堆存方案问题被称为堆存分配问题（stowage allocation problem）。通过现有的文献资料收集及实地调研，集装箱堆场采用的堆存策略主要有两种[16, 17]：一是集中堆放，尽量将同船、同类别的集装箱集中堆存在相邻的几个贝中。这种策略的优点是装卸时所需的龙门吊数量少，连续作业时间长，作业效率高，集装箱堆场计划及操作监控相对简单；缺点是一组集装箱所需的堆场中空地面积较大，不利于利用堆场中的分散空地以提高堆场利用率，且对龙门吊机械的工作稳定性要求较高，若出现故障，较多集装箱的装卸效率会被影响。孙丽丽讨论了"按贝堆放"模式，即同一所属船次、吨位、卸货港的出口重箱，以贝为最小堆存单位[18]。该种模式下，当一组集装箱的个数不足以将一排全部放满时，将会造成箱位的浪费。另外一种策略是分散堆放，将以单个贝或多个贝为单位的堆垛模式调整为以列/栈为单位堆放。其优点是有助于提高堆场使用率，分散作业有利于提高装卸作业效率；缺点是要调用多个龙门吊装卸，能源消耗可能较大，计划起来较为复杂。

集装箱堆场场位分配问题可分为两个方面，即集装箱堆场箱区分配及箱区中具体箱位分配。将整个问题分为多个层次，每个层次关注不同的优化目标，可以进一步简化原问题。

对于集装箱堆场箱区分配问题，Kozan 和 Preston 分析了集装箱在堆场内的堆存策略，得出靠近泊位就近存放比在堆场内随机存放效果更优的结论[19]。随后，Preston 和 Kozan 以最小化所有船舶周转时间为优化目标，建立了集装箱的堆区分配模型，并运用遗传算法进行了求解[20]。

Kim K H 和 Kim H B 基于同船集装箱靠近摆放的原则，研究了进口集装箱的空间分配问题[21]，利用 Kim 给出的对倒箱量的估计方法[22]，研究了码头进口集装箱箱区堆存高度与倒箱量之间的关系，并针对不同进口集装箱到达模式，建立了以最小化期望倒箱量为目标的数学模型，利用拉格朗日松弛和次梯度优化方法求解出相应的最佳堆存高度[21]。

Kim K H 和 Kim H B 提出进口集装箱堆区空间最优分配策略及其所需吊机的最优配置方案[23]。Kim 和 Park 讨论了集装箱码头中出口集装箱的堆区分配问题，将整个规划时间段分为多个阶段，已知每一个阶段到场的集装箱数量及所属船，以及每艘船所占用的最大箱区数量和在每个箱区中的最大堆放数量，以最小化箱的装船距离为目标建立混合 IP 模型，并给出两种解决方案，即最小持续时间原则和次梯度优化启发式算法[24]。该模型将很多重要参数做了已知假设，如每艘船占用的箱区数量，每个箱区中的最大堆放数量等，但该模型没有考虑集装箱的离港情况和箱区中各船的箱量范围。

Zhang 针对出口集装箱箱区分配问题，分别研究集中到达和分散到达两种进场模式下倒箱率最小化问题，建立了两阶段优化模型并进行仿真模拟[25]。随后 Zhang 等采用滚动规划期的方法对混堆箱区分配问题进行了探讨，将每一艘船要装卸的集装箱箱位分配问题分为两个阶段，第一个阶段应用 IP 方法均衡各箱区总的作业量得出每个箱区所分配的集装箱数量，第二个阶段以箱区所分配的集装箱数量为约束条件，最小化集卡的行驶距离和同组进口集装箱所占箱区数量，得到每台岸桥对应负责每个堆区装卸集装箱的数量[26]。他们鉴于模型的非线性特点，提出了基于模型最优解特征的启发式算法，并采用以 3 天为规划周期、18 个规划段的滚动调度方法。

王斌对混堆模式下集装箱堆场堆存区域、堆存位置的分配进行了探讨[27]，对 Zhang 等[26]的模型进行了进一步的改进，运用线性规划的方法将每一艘船要装卸的集装箱分配到各个箱区中去。李建忠等修改了上述模型的目标函数，建立了集装箱堆场空间动态配置模型[28]。

王斌在 Zhang 等[26]研究的基础上，在第一个阶段加入机会约束，在假设已知进口、出口集装箱量的统计分布规律的前提下，研究了随机环境下的集装箱堆场箱位分配问题，并用遗传算法对其进行了求解[29]。

Han 等采用改进迭代算法对箱区分配问题进行了探讨[30]，谢尘等以重箱压轻箱数最少为目标，提出混堆模式下出口集装箱的箱区分配问题，建立了基于 IP 的选位模型，并设计了基于启发式算法与分布式遗传算法的混合智能求解算法对问题进行了求解[31]。同样地，陶经辉和汪敏讨论了混堆模式下的集装箱堆场箱区分配问题，建立了两阶段数学模型，第一阶段优化工作量平衡，第二阶段优化箱组平衡，并用启发式算法对问题进行了求解[32]。

Bazzazi 等使用遗传算法对集装箱箱区分配问题进行了求解[33]。张艳伟等与 Mi 等采用启发式算法和分配遗传算法相结合的混合算法，对集装箱码头堆区分配问题的求解进行了探讨[34, 35]。王志明和符云清根据重庆港实际情况建立了以提箱时间为约束条件，以最小化倒箱率为优化目标的集装箱堆场堆位分配模型，并用遗传算法对其进行了求解[36]。

王展以堆区作业量均衡和船舶滞港时间为研究目标，讨论了确定性和非确定性两种条件下的混堆模式下的集装箱堆场箱区分配问题，并用禁忌搜索和仿真方法对问题进行了求解[37]。侯春霞以最小化不同堆区间集装箱作业的不均衡度和集装箱存位与所将装船泊位间的距离为优化目标，建立多目标优化模型，并用数学规划方法对其进行了求解[38]。李培钰运用滚动时间界限法，建立了以堆区内集装箱作业设备占用时间均衡为优化目标的箱区动态分配模型，在此基础上，考虑基于新型集装箱码头装卸系统的特点，添加集装箱进出箱区通道数量约束，建立通道受限情况下的箱区分配模型，并设计启发式算法对该问题进行求解[39]。

陈超等针对出口集装箱箱区选择与箱位分配协调调度问题，提出了出口集装箱箱区选择与箱位分配两阶段模型，并设计了基于遗传算法的双层启发式算法[40]。随后，陈超等以船舶停靠泊位和进口集装箱堆放箱区为决策变量，以集卡行驶距离最短为目标函数，构建了离散泊位状况下泊位-集卡-箱区协调调度混合 IP 模型[41]。

针对具体箱位分配问题，Kim 认为倒箱率对于场桥有效作业效率具有很大影响，并根据场桥的机械规则，估算了在确定堆场结构中提取一个集装箱或一系列集装箱的总倒箱量[22]。这一倒箱量的计划结果可以反作用于评价箱位分配的优劣。Kim 和 Bae 应用动态规划和交通技术将集装箱箱组和贝内集装箱混堆进行重组，讨论了出口集装箱堆存问题[42]。

Kim 等按照出口集装箱的重量决定具体箱位分配，将出口集装箱的重量级别分成重箱、中等重箱、轻箱三类，基于重箱先于轻箱装船这一假设，以最小化装船时的倒箱量为目标，运用动态规划模型求解最少倒箱量的堆放方案并建立最小树生成实时决策模型[43]。Zhang 等研究了出口集装箱的箱位分配问题，并对 Kim 等[43]提出的倒箱量求解公式进行了修正[44]。

Dekker 等针对箱位分配的随机堆存策略和分类堆存策略，以倒箱率、应急堆垛数、起重操作量和堆场面积利用率为指标，进行分组仿真试验，得出分类堆存策略要明显优于随机堆存策略的结论[45]。

Kim 和 Lee 以最大化堆场集卡和龙门吊工作效率为目标，利用约束逐步逼近方法（约束满足技术）研究了出口集装箱箱位分配求解算法[46]。Kang 等运用模拟退火算法（simulated annealing，SA）和仿真技术研究了箱重分布确定条件下的出口集装箱箱位分配问题[47]。

Kozan 和 Preston 提出了一个周期式模型用于同时解决确定最优化堆放策略和相应的集装箱装载计划[48]。原模型分为集装箱堆放模块和集装箱转移模块，采用基于遗传算法和禁忌搜索算法的迭代搜索算法进行求解。

Lee 等针对中转型集装箱码头，提出堆存区域分配方法以减少集装箱的倒箱量，设计了一个混合 IP 模型用于求解堆场中的转运堆放问题，目标是最小化岸桥的操作次数和确定进口集装箱的堆放位置，从而使得再倒箱率最小化，并采用高—低负载均衡协议来减少交通拥堵[49]。

Holguín-Veras 和 Jara-Díaz 以考虑集装箱堆场中集装箱的堆存成本为出发点，运用三种不同定价策略来分析解决集装箱堆存问题[50, 51]。Park 等考虑存放距离、提取距离、倒箱、空间利用四个方面，设计了在线搜索算法解决堆位存放问题[52]。Chen 和 Lu 在顺序堆放的基础上进行改进，运用交叉顺序堆放的方法解决贝内箱位分配问题[53]。

郝聚民等在图搜索技术和模式识别理论的基础上建立了混合顺序作业堆场贝优化模型。他们应用启发式图搜索技术，在操作难度和最佳作业顺序确定的基础上，按预测的集装箱重量概率生成进场序列，在贝中为集装箱找到可行位置，取与最佳位置曼哈顿距离最小的点为实际堆放位置，该算法适用于动态集装箱到达规划[54]。

早在 21 世纪初，已有港口采用模糊逻辑推理实现智能集装箱堆存[55]。周鹏飞研究了面向更广义的不确定环境，全面考虑进口、出口集装箱流的具体箱位确定问题[56]。由于进口、出口集装箱流有不同的进场、出场模式，所以要采取不同的码放寻位规则。对于进口集装箱流，同组集装箱将同时到港，为了较少倒箱作业，加快船舶卸载速度，同栈的集装箱依次放在栈的顶层；对于出口集装箱流，为了提高装船效率，避免装船时过多的倒箱作业，在码箱时需将同栈中先装船集装箱放在栈的上部。

陈庆伟和王继荣提出了考虑不同重量和不同目的港的堆存模型，并给出了启发式求解算法[57]；计三有和高悦文建立了考虑集装箱重量的堆存模型并利用搜索技术求解模型[58]；刘艳等考虑了进口集装箱离港时间和出口集装箱到港时间的不确定性，建立了基于模糊机会约束的提交箱不确定条件下的箱位分配模糊优化模型[59]。沈剑锋等以堆场区划分规则、堆垛作业模式和设备作业规则作为箱位分配知识构成，建立了基于知识的箱位分配模型[60]。

周鹏飞和方波针对交箱时间的动态随机性，提出了集装箱堆场箱位的两级调度策略[61, 62]；郝振勇和韩晓龙针对问题的层次性，将原问题分解为堆场贝分配和贝内具体箱位分配，并设计了基于禁忌搜索的求解实际规模问题的算法[63]。

周鹏飞和李丕安研究了不确定条件下的出口集装箱箱位选择及进口集装箱卸船箱位选择问题，并分别设计了启发式算法进行求解[64, 65]。

冯美玲等以最小化集卡行走距离及平衡箱区间作业量为目标，建立了前方堆场和后方堆场分开堆存进出口集装箱的混合整数模型，旨在将运进堆场的集装箱直接分配到各箱区贝中，并通过采取在前方堆场和后方堆场分别设立缓冲区的方式，加速船舶装卸作业及提高堆场空间利用率[66]。

周健分析了影响集装箱贝分配的主要因素，以均衡各个箱区贝间装卸作业总量为目的，通过减少集卡在堆场内部的运行距离，建立堆场贝资源的分配优化模型；然后，建立贝内箱位资源的分配模型，将集装箱分配到具体的堆存位置，以降低贝内集装箱的倒箱量[67]。

郑红星等在滚动式计划的基础上，考虑了不同作业箱型与倒箱作业的内在联系，依据堆场混堆的作业规则定义了作业箱优先等级，以新增集装箱压箱数最小为目标构建了箱位指派优化模型[68]。之后，国内学者袁学青等运用矩阵式遗传算法及粒子群算法对集装箱箱位指派问题进行了研究[69~71]。

第三节　堆场预倒箱作业优化问题研究

虽然在出口集装箱箱位分配问题中，种种优化算法对集装箱到港时的箱位堆存位置进行了合理配置，有效地减少了最终堆放状态的倒箱量期望，但有时候集装箱集港堆放完成后，不合理堆放的情况仍然存在。这依旧会影响实际装船时的操作效率，增加装船时间，这在实际过程中是应该避免的，因此就产生了一个新的研究领域——预倒箱问题研究[72]。

预倒箱问题可以看成是箱位分配问题的一个延续，它在箱位堆放完成的基础上，针对仍然存在的不合理堆放情况下进行装船前的预倒箱操作，以期达到符合装船顺序的合理堆放情况，从而减少装船过程中的非有效作业时间。

预倒箱问题近几年才逐渐受到学术界的关注，目前只有不多的文献研究的主体内容和目标与本书的研究目标一致。

国外较早关注预倒箱问题的是 Hirashima 等，其在 2006 年的一篇文章中，用"rearranged"一词描述了预倒箱问题，并指出倒箱量会随着集装箱数量的增加而呈现指数增长的趋势[73]。为克服该问题，Hirashima 等设计了基于集装箱移动次数的 Q-学习算法进行求解，并与现实作业场景进行了比较研究。

Kang 等结合偏序图与分支定界法，运用模拟退火算法求得预倒箱操作计划表[74]，但由于该论文中集装箱是移至新贝而非在原贝内进行操作，故实用性不佳。

Lee 和 Hsu 以最小化预倒箱过程中的倒箱量为目标，建立了基于多商品网络流的 IP 模型用于最优化求解[75]。在其建立的网络流结构模型中，节点代表贝中的每个集装箱所在的箱位，节点间的弧线表示的是各箱位间移动的可能性，而网络之间的流表示的是不同堆垛间的移动操作。除了考虑移动次数最小化的要求外，文章还提出三种不同的模型扩展方法以满足特定的最终贝结构等的相关要求。但最优化模型求解时间过长，因此 Lee 和 Hsu 也提出了一套启发式策略用于减少模型的复杂度，对倒箱路径进行了优化。

Lee 和 Chao 构建了 IP 模型，提出了一套由多个子模块算法组成的基于邻域搜索的启发式算法[76]。算法总共设计了五个子模块的内容，在一个初始可行解的基础上通过邻域搜索不断的迭代得到最终解。

为解决预倒箱问题，Caserta 和 Voß 等提出了一种基于图论中的通道（corridor）方法的元启发式算法[77, 78]。

Expósito-Izquierdo 等提出了一套基于"最低优先级优先"的启发式算法，同时还设计了一个预倒箱问题实例生成器，根据贝内集装箱数量的不同和存在倒箱比例的不同生成不同难度的分析算例[79]。

Huang 和 Lin 将预倒箱问题分为类型 A 与类型 B 两种问题，第二类问题是在原始的预倒箱问题基础上，增加了每种类型的集装箱要堆放在预先规定好的贝内这一约束。之后文章又针对这两类问题分别提出了一套启发式算法进行求解[80]。

Bortfeldt 和 Forster 开发了一种启发式树搜索算法用于求解预倒箱问题，并将求解结果与现有的研究结果进行对比分析。算法中树的每一个节点都表示一种贝结构，根节点代表初始贝结构，每个叶节点对应一种最终堆放结构。通过一系列的复合移动，得到最终的堆放结果[81]。随后，Forster 和 Bortfeld 改进了树搜索算法，设计了更精细的移动分类策略与不同的分支定界规则，但仍需借助贪婪启发式算法进行求解[82]。

Rodriguez-Molins 等运用域依赖的启发式策略解决预倒箱问题，但随着问题规模的增大，约束条件相应增多，导致求解效率及质量降低[83]。

Gheith 等运用简单的五步启发式算法对预倒箱问题进行了研究，并将该算法的性能与现有算法进行了对比[84]。但研究对象仅限于单一贝，与现实作业存在一定的差距，故仍有进一步研究的必要。

Lehnfeld 和 Knust、Carlo 等对集装箱堆场的装卸及预倒箱作业问题进行了综述[85,86]，但只是汇总、归纳了现有研究中对上述问题的解决方法，包括模型、算法种类等，并未明确现有针对预倒箱问题的研究中存在的问题及进一步的研究方向。

Wang 等指出现有针对预倒箱问题的研究中无一例外地假定贝中的每一栈的功能都是一样的，其将这类预倒箱问题称为"传统预倒箱问题"，并进一步提出了带有"虚拟栈"的新型预倒箱问题[87]。所谓虚拟栈，即在每个贝中为集卡预留的位置，起到在预倒箱过程中暂存集装箱、在预倒箱作业结束时清空集装箱的作用。他们设计了基于目标-指引启发式规则的定向搜索算法对传统及新型预倒箱问题进行求解，并与现有研究方法[81]进行了对比。

国内针对预倒箱问题领域的研究也不是很多，董琳等、赖颖彦和王晓研究了单一贝的出口集装箱预倒箱问题，利用图论知识构建数学模型，并用加以限制的广度搜索算法计算出倒箱的最少步骤[88,89]，但是该文中未给出具体实例说明及优化结果。

李鬼等在将集装箱预倒箱问题分解的基础上，采用混合优化策略来实现集装箱预倒箱方案[90]。该策略根据堆箱规则构造集装箱堆垛目标状态，然后运用改进广度优先算法搜索集装箱移动步骤，并运用分层设计思想设计了智能集装箱预倒箱系统。这是人工智能理论应用于集装箱倒箱优化调度领域的有益尝试。

同样针对集装箱堆场单一贝内的预倒箱问题，白治江和王晓峰建立了用网络结构描述倒箱 IP 模型，将倒箱作业限定在同一个贝内，由已知的初始堆存状态转换为最终满足积载计划中装船顺序的堆存状态，目标是最小化预倒箱次数，并运用分支定界法与启发式算法相结合的两阶段算法进行求解[91]。

李浩渊建立了集装箱预倒箱问题的 IP 模型，在目标函数中引入"混乱系数"的概念，设计了多阶段遗传算法对模型进行求解[92]。该算法通过设计进化启发式算子和启发式规则进一步改进解的质量，并对算法中的不同参数进行了灵敏度分析。

易正俊等在已知出口集装箱取箱顺序的前提下，将每取一个集装箱产生的可能状态视为一个状态结点，所需的倒箱量加一个基数作为状态结点间的连接权，把倒箱优化问题转化为最短路径求解问题，运用脉冲耦合神经网络优化控制算法获得最优的倒箱方案[93]。

徐骁勇等在倒箱问题中引入"复杂度"的概念，采用有向图理论描述同贝预倒箱问题，并运用在概率决策机制、解的重构、信息素更新机制三个方面改进的蚁群算法对其优化[94]。但由于该文中选取的算法参数都是经验数据，故参数的合理性及优化性能需要进一步验证。

刘曙光对现有研究中的倒箱数学模型进行了拓展和改进，建立了预倒箱 IP 数学模型，并利用分支定界算法软件包 Lingo 优化软件进行了求解[95, 96]。王启芳考虑了集装箱属性因素（装船港口、装船批次、重量、所属公司等信息）对预倒箱优化问题的影响[97]。

乐美龙和姜丹考虑了单个贝内集装箱服务的船舶数、目的港、重量等因素，建立了基于时空网络的集装箱预倒箱初始模型及改进模型，并对贝内集装箱最优堆存数及最优层高差进行了研究，实验表明当堆存数为 17 或相邻栈层高差为 2 时，可以优化集装箱的预倒箱作业[98, 99]。

梁承姬等利用 eM-Plant 软件分别建立了单贝和多贝的预倒箱仿真模型，通过对预倒箱过程仿真时间的统计验证了仿真模型的有效性[100]。但仿真是在现实基础上抽象出来的模型，因此存在不能完全符合实际情况的缺陷。

第四节　装船取箱作业优化问题研究

采用龙门吊、场内集卡与岸桥相搭配的作业方式，可以有效地提高堆场容量，但集装箱堆垛密度过高，将不可避免地产生压箱现象，导致提取集装箱作业的难度增加[131]。在该过程中发生的倒箱作业，可以称为预整理（re-handling 或 re-marshalling）。因此，如何在装船时规划龙门吊的取箱作业计划、优化龙门吊的取箱作业过程，以最少的倒箱作业代价将集装箱由集装箱堆场中取出并拖送到岸边装船，已成为集装箱码头管理者关心并致力研究的重要课题。

根据取箱作业过程中涉及的龙门吊台数的多少，本节将装船取箱作业问题划分为两种，即单台龙门吊取箱作业调度问题及多台龙门吊取箱作业调度问题，下文将针对这两种问题分别进行文献回顾与总结。

Chung 等最早提出了龙门吊路径选择问题，目的是减少龙门吊的不必要移动，提高龙门吊的工作效率[102]。其研究指出装船过程中的瓶颈在于龙门吊的作业，提出了一种利用缓冲区提高龙门吊利用率以减少总的集装箱装船时间的方法，建立了基于图形仿真系统的激励模型，并将所提出的方法与波特兰港的实际操作进行对比，实验结果验证了方法的有效性。

Kim K Y 和 Kim K H 研究了单台龙门吊的最优路径问题，建立了出口集装箱装船优化模型，但模型只考虑了龙门吊的移动路径，没有考虑集装箱在一个贝内的移动情况[103]。随后，Kim K H 和 Kim K Y 建立了以最小化龙门吊总处理时间（启动时间和行走时间）为目标的混合 IP 模型，以确定龙门吊对不同贝的作业顺序及在不同贝的取箱数量，并且给出了模型的精确求解方法[104]。针对同样的问题，Kim K Y 和 Kim K H 又提出了相应的遗传算法和集束搜索算法进行求解[105]。

Narasimhan 和 Palekar 考虑在已知出口集装箱贝计划的情况下，以最小化龙门吊搬运时间为目标，提出了一个精确的分支定界算法，并通过随机问题例子进行了模型与算法的验证[106]。

Linn 等研究了轮胎式龙门吊的动态调度问题，以最小化龙门吊在堆场中未完成的作业量为目标，建立了混合整数模型，并采用启发式算法进行了求解，得出龙门吊在不同箱区间的移动顺序[107]。

Kim 等针对外部集卡动态到达条件下的单台龙门吊动态调度的问题进行了研究，以最小化延误时间为目标，提出了基于动态规划的滚动计划期方法和强化学习方法以得到龙门吊服务规则[108]。

Kim 和 Park 考虑了龙门吊操作的不同限制条件，运用混合 IP 模型，采用分支界定法进行求解，并运用贪婪随机适应搜索过程克服分支界定法在计算机求解时的不足[109]。

Ng 和 Mark 研究了单台龙门吊优化调度问题，目标函数是使龙门吊作业等待时间最小化，并应用分支定界算法对调度模型进行了求解，通过物流作业计算实例对模型及算法进行了验证[110]。

针对同样的问题，Ng 和 Mark 在已知龙门吊装船作业任务数量及作业任务预期时间的情况下，研究了单台龙门吊作业顺序优化问题，考虑了集卡到来时刻对龙门吊调度的影响，建立了混合 IP 模型，并利用启发式算法对问题模型进行了求解[111]。

Kim 和 Hong 利用分支定界算法和启发式方法研究了提箱过程中龙门吊翻倒集装箱落箱位置的确定问题[112]。Lee Y 和 Lee Y J 针对龙门吊取箱问题，提出了一种三阶段启发式算法以求取龙门吊取箱作业序列，开发了启发式规则与 IP 模型相结合的混合算法，以期在较短的龙门吊作业时间下获得倒箱量尽可能少的取箱操作方案[113]。

针对进口箱提箱问题，Zhao 和 Goodchild 运用仿真的方法评价了集卡到达信息对堆场龙门吊取箱作业的影响，并在此基础上分析了到达信息对降低堆场倒箱率的作用[114]。

Caserta 等分析了出口集装箱堆存区域龙门吊倒箱作业的规律，定义了二维通道的概念，在解空间中加入约束条件，并运用动态规划方法进行求解龙门吊倒箱率较低的方案[115]。

针对单台龙门吊取箱作业调度问题，国内学者也进行了研究。张维英等建立了龙门吊小车取箱作业优化模型，并运用最小生成树和启发式算法对优化模型进行求解[101]。徐亚等研究了出口集装箱堆场龙门吊取箱作业时，如何确定阻塞箱的最优落箱位置，以减少或者避免二次倒箱[116]；针对同样的问题，易正俊等建立了集装箱倒箱作业的博弈模型，运用博弈启发式优化算法对该模型进行了求解[117]。韩晓龙讨论了出口集装箱装船过程中单台龙门吊的最优路径规划问题，以龙门吊完成所有任务总时间最短为目标，建立了混合 IP 模型，并采用 Lingo 软件对模型进行了求解[118]。何军良等提出了一种基于 IP 模型和启发式算法（爬山算法）的龙门吊调度混合策略，将龙门吊调度问题与堆存空间分配问题视为一个整体，从而构建了龙门吊动态调度模型[119]。范磊和梁承姬以龙门吊在贝内取箱作业过程中倒箱量最少为目标，建立了龙门吊取箱作业数学模型。他们提出六条落箱位选择原则，最小化整个取箱过程中的倒箱量，且每次落箱位决策都遵循二次倒箱量最少，并基于六条原则运用 Matlab 编译启发式算法对数学模型进行求解，不同规模的随机实验验证了启发式算法的有效性[120]。

针对多台龙门吊在堆场箱区内的调度问题，Zhang 等将一天划分为六个时间段，在假设各段时间内工作量可以预测的前提下，以最小化各时间段内堆场中被延迟的工作量为目标，建立混合 IP 模型，对任一时段每个街区龙门吊的配置数量进行了优化[121]。但该研究假定每个工班之内龙门吊的移动次数不能超过一次，即回避了多龙门吊之间的冲突，这与国内港口实际情况有一定差距，且没有得出龙门吊的工作序列，因此并没有从根本上解决问题。

Linn 和 Zhang 在之前对单台龙门吊调度研究[107]的基础上，继续了多台龙门吊调度问题的研究，建立了轮胎式龙门吊最优调度模型，目标是在龙门吊数量确定的前提下，在每个作业箱区间调度龙门吊，使各时段未完成的作业任务最少[122]。

Ng 考虑了多台龙门吊在移动时不能互相穿越的现实约束条件，建立了以最小化龙门吊总作业完工时间为目标的混合 IP 模型，并采用基于启发式算法的动态规划方法对模型进行了求解，得到了每台龙门吊在箱区各贝间的移动路径[123]。

针对同样的问题，Lee 等以最小化龙门吊总作业时间为目标，分别利用遗传算法和模拟退火算法对两台龙门吊在箱区贝间的作业路径和各贝的取箱量进行了决策[124, 125]。

Jung 和 Kim 深入了 Kim K H 和 Kim K Y 的研究[104]，提出了在同一街区调度多台龙门吊的方法[126]。该方法基于遗传算法和模拟退火法算法，考虑了相邻龙门吊间的干扰。该方法以最小化龙门吊作业的最大完工时间为目标，考虑了集装箱的装卸时间、龙门吊的行走时间、每台龙门吊的等待时间等因素。

Yang 和 Gen 在研究中引入了"集装箱流"的概念，运用遗传算法解决龙门吊工作顺序优化问题[127]。但研究中假设每个街区只配有一台龙门吊，因此就缺少对现实作业中多台龙门吊作业干扰问题的考虑。

Li 等结合堆场内的实际运作情况，在工作的目标时间与堆场布局既定的前提下，考虑了龙门吊作业内部冲突、龙门吊间安全距离，以及提箱、放箱延迟等因素，以最大程度减少集卡等待时间为目标，建立了数学规划模型，并采用启发式和滚动式算法进行求解[128]。但实际操作中工作的目标时间是未知的，也是难以预测的。

李建忠以集装箱堆场中未完成工作箱量所需龙门吊时间与龙门吊的闲置时间最小为目标，建立了多目标非线性数学模型，采用线性加权法将多目标问题转化为单目标问题，并采用基于启发式方法的拉格朗日松弛算法进行求解，得出堆场中龙门吊的最佳配置方案[129]。

韩晓龙研究了集装箱港口装卸过程中的龙门吊数量配置问题[130]。该研究建立了龙门吊的数量配置网络流模型，并采用最小流算法求解出最少需要配置的龙门吊数量及龙门吊的作业序列。

随后，韩晓龙和丁以中继续上述研究，给出了龙门吊配置优化的两阶段模型，分别确定集装箱港口装卸作业中的龙门吊配置数量及对龙门吊的任务分配进行优化，使龙门吊的移动时间最短，但与韩晓龙的研究[130]类似的是，对于较大规模问题，算法的求解有效性还存在疑问[131]。

魏众等提出了轮胎式龙门吊优化调度混合 IP 理论，研究了定量作业条件下的轮胎式龙门吊优化调度问题，通过实际案例分析为码头管理者提供了决策支持[132]。

严伟等以各箱区、各时段预测的工作量为前提，以达到各时段中剩余的总工作量最小为目标，构建了一种基于 IP 模型的龙门吊动态调度模型，采用最佳优先搜索算法进行求解[133]。

第五节　研究现状综述

由以上针对集装箱码头倒箱问题研究的文献可以看出，目前国内外对该领域的研究主要分为两种：一种是侧重于集装箱码头实际操作过程分析和经验总结的研究，国内的研究大多属于该范畴；另一种是针对集装箱的标识方法进行集装箱定位以达到降低倒箱率的目的，国外研究在该领域所占的比重较大。现有文献对倒箱问题研究的不足主要表现在以下几个方面。

（1）国内现行的堆场调度主要依靠调度人员的经验及一些多年积累的启发式调度规则，虽然这些启发式调度规则有一些考虑了倒箱问题，但并未从落箱位的选择对后续作业的集装箱有持续的影响这一特性角度进行量化分析，即未考虑这一龙门吊作业准备时间的特殊性。虽然龙门吊的倒箱作业准备时间在整个龙门吊作业时间中占有相当的比例，直接影响堆场作业效率，但遗憾的是目前尚未见到该方面的研究。

（2）鉴于堆场倒箱原因的多样性，且现实中各个集装箱码头的自然状况、堆场的面积及布局，以及堆场中所运用的机械设备不尽相同，针对不同的倒箱情况就应有相应的不同种类的倒箱策略。但是鉴于技术等各方面的原因，现阶段的研究还无法综合考虑到所有的情形，因此现有研究提出的模型和算法不能完全满足实际操作要求也是在所难免的。

（3）针对集装箱倒箱现象的研究实为对最优策略的研究，由于该过程中需要考虑的现实因素较多，涉及变量较多，优化问题属于NP-难问题，现有通过优化算法进行求解的文献中，都遭遇了维数灾的难题，从传统方法的角度入手很难获得具有实用意义的算法。

通过上述对码头堆场倒箱问题的分析可以看出，该领域的研究必须以堆场的实际作业情况为基础，研究的关键在于算法的优化程度。因此，集装箱堆场倒箱领域未来的研究方向可总结为以下几点。

（1）在模型与算法中考虑龙门吊作业准备时间，将场桥在进行相邻两个集装箱作业时进行的倒箱视为两个作业间的切换，量化分析落箱位的选择对后续倒箱作业的影响。

（2）针对堆场倒箱问题的研究，未来应当与堆场的实际操作情况相结合，即将提箱过程中产生的倒箱作业与装船过程中产生的倒箱作业两大类型作为研究对象。建模时针对不同堆场对两者操作情况的异同点，纳入尽可能多的现实因素，放松现有研究中设定的假设条件，使模型更加符合实际情况，从而尽可能全面地解决实际问题。

（3）对各种算法进行理论可行性证明，并通过运用可行的或许不唯一的算法求解这一问题。鉴于倒箱问题的复杂性，可考虑采用最优化算法与启发式算法相结合的方法，结合两种算法的优点对现有算法进行改进，以较快的求解速度求得现实最优解，从而提高优化程度。

第六节　本　章　小　结

　　本章针对后续章节中涉及的基础理论进行了简要介绍，并对本书中探讨的倒箱问题进行了文献综述与总结。出口集装箱倒箱率控制优化问题属于最优化研究的范畴，因此本章阐述了最优化的相关原理，包括最优化的内涵、最优化问题，以及最优化理论与方法。对理论界热点问题的研究需紧密结合当前的研究进展与成果，因此本章针对集装箱堆存作业优化问题、堆场预倒箱作业优化问题，以及装船取箱作业优化问题分别进行了文献回顾与综述，并总结现有研究的成果与不足，为本书的问题研究提供了方向与思路。

第五章 出口集装箱集港堆存作业倒箱优化

在集装箱堆场中，堆存区域划分为多个街区，集装箱则层叠堆垛于各个街区中。为满足不同的需求，街区根据堆存集装箱属性的不同分为进口集装箱箱区及出口集装箱箱区。集装箱堆场以保证集装箱的堆放安全、减少倒箱率为原则进行堆垛。集装箱的尺寸不同，集装箱内装载的货物不同，其堆垛方式也不相同。以下列举三种不同的堆垛规则。

一、按工艺分类

（一）堆场箱位编号式

主要有两种不同的编号方法。以 A201021 代表第一种编号方法的一个实例，其中，A2 表示 A 街 2 区，01 表示该集装箱为 20 尺箱，堆放在 01 贝，02 表示第二列，1 表示第一层；以 2101021 代表第二种编号方法的一个实例，其中，21 表示 2 街 1 区，01、02、1 的含义与第一种编号方法相同。

（二）龙门吊作业式

无论是轮胎式龙门吊还是轨道式龙门吊，两者都限定了各堆存区域的堆码的宽度（列）的数量和高度。箱区的长度（平行式）往往与泊位长度相对应，街的宽度（列数）视龙门吊的跨度而定。

（三）叉车（正面吊）作业式

该种方式在集装箱码头并不常用。叉车（正面吊）的作业方向是单向的，即侧面作业。若列数超过 9 列时，则从第 10 列开始，"列"用英文字母表示，并按英文字母次序排列，即第 10 列为 A，第 11 列为 B，…，依次类推，但是箱区的列数一般在 35 列以内。叉车作业箱区的层数取决于叉车最高起吊点的高度，现有的叉车最高起吊点可达 9 层高。

二、按安全要求分类

（1）若为龙门吊作业式，则要留出车道（集卡）的宽度。

（2）若为叉车（正面吊）作业式，则要留出作业场地。

（3）靠近车道的后几列的堆垛要排成梯形。

（4）每一列、相邻列、孤立列的高度均不超过 3 层。

此外，需要注意的是，空箱堆高高度在大风天时要适度降低，并且要对空箱进行加固。

三、按箱型、状态分类

（1）重箱、空箱分开堆放。

（2）20 尺箱、40 尺箱分开堆放，务必堆放在不同的贝。

（3）冷藏箱、危险品箱及特种箱应堆放在相应的专用箱区。

（4）进口集装箱、出口集装箱分开堆放至不同的区。

（5）中转集装箱堆放在海关指定的中转箱区。

（6）出口集装箱按装船要求分港、分吨堆放。

（7）空箱按不同箱主、不同尺码、不同箱型分开堆放，污箱、坏箱分开堆放。

（8）重箱按堆场载荷要求堆放，上轻下重。

在集装箱运输过程中，为了减少船舶在港装卸时间，通常会将集装箱提前运至集装箱堆场储存，以加快未来集装箱装船的作业速度。此外，由于集装箱堆场堆存空间的稀缺性，致使"如何在有限的集装箱堆场资源下为集装箱指定适合的堆存区域"这一议题变得异常重要。

本章着眼于集装箱堆场内的集装箱动态堆存问题，以出口集装箱为研究对象，且考虑一个集装箱堆栈贝内的情况，研究目标为在动态情况下快速决定集装箱储存的位置而使整体作业的倒箱量最少。动态问题涉及两个方面，一为决定集装箱进入集装箱堆场时存放的位置；二为集装箱离开堆场时引起倒箱后，决定该阻塞箱存放的位置。本书的研究首先处理静态情形，即在既定的集装箱堆存状态且没有外来集装箱的情况下，如何提取所有集装箱使整体倒箱量最少；其次，改进现有的 IP 模型建构该静态问题的模型；最后，将处理静态问题的集装箱储位决策过程推广至动态问题。

第一节　集装箱静态提取优化问题

一、问题描述及假设条件

集装箱静态提取问题，是指在集装箱堆场贝堆存状态及提取顺序已知的前提下，确定待倒集装箱的落箱位，目标是最小化贝内提箱过程中的倒箱量。本章仅考虑 20 尺箱，不考虑箱重等其他因素。该问题假定只有一台龙门吊进行贝内提箱作业。作业起始时贝内状态已知，提箱顺序根据离港时间确定并编号（数字编号越大越优先），取箱过程中无新集装箱到达。

不同于一般的集装箱倒箱问题研究，如 Forster 和 Bortfeldt[82]，本书的第一个假设条件为不可提前对贝内集装箱进行移动或翻倒作业，即使可以降低整个作业的倒箱量，即当且仅当某一集装箱被提取或其位于目标箱上方时，才会产生一次移动作业。第二个假设条件为：当提取目标箱时，每个阻塞箱只能移动一次。上述两个假设可缩小提箱问题的解搜索空间。

在提箱过程中，遵守按箱号索引降序提箱的原则，在提取下一个集装箱之前，必须完成当前集装箱的提取作业。因此，本章将提空一个贝的作业按照集装箱的数量划分为若干阶段。

根据 Wan 等现有研究对提箱问题的解决方法[134]，本章建立了 IP 模型，目标为最小化给定贝的提箱倒箱量。以下为模型基于的假设条件。

（1）一个箱位至多被一个集装箱占用。

（2）一个集装箱至多占用一个箱位。

（3）集装箱不能悬空。

（4）阻塞箱在倒箱作业之后移至不同的栈。

（5）不参与倒箱作业的集装箱位置不变。

（6）目标箱下层的集装箱不参与倒箱。

二、符号定义与模型构建

1. 参数

S：阶段数，即集装箱的总数。

s：当前提取的集装箱对应的阶段数，$1 \leqslant s \leqslant S$。

i：集装箱索引，$1 \leqslant i \leqslant S$。

i'：同一栈中位于 i 的下层且索引号小于 i 的集装箱，$1 \leqslant i' < i \leqslant S$。

C：栈数。

c：栈数索引（由左至右依次增加），$1 \leqslant c \leqslant C$。

T：额定堆垛层数。

t：层数索引，$1 \leqslant t \leqslant T$。

2. 变量

$$x_{sict} = \begin{cases} 1, & \text{在}s\text{阶段集装箱}i\text{位于}c\text{栈}t\text{层} \\ 0, & \text{否则} \end{cases} \quad 1 \leqslant c \leqslant C; \ 1 \leqslant t \leqslant T; \ 1 \leqslant i \leqslant s < S$$

$$u_{si} = \begin{cases} 1, & \text{集装箱}i\text{的栈的索引不小于集装箱}s \\ 0, & \text{否则} \end{cases} \quad 1 \leqslant i < s < S$$

$$v_{si} = \begin{cases} 1, & \text{集装箱}s\text{的栈的索引不小于集装箱}i \\ 0, & \text{否则} \end{cases} \quad 1 \leqslant i < s < S$$

$$z_{si} = \begin{cases} 1, & \text{集装箱}s\text{与集装箱}i\text{位于同一栈} \\ 0, & \text{否则} \end{cases} \quad 1 \leqslant i < s < S$$

$$y_{si} = \begin{cases} 1, & \text{集装箱}i\text{在}s\text{阶段翻倒} \\ 0, & \text{否则} \end{cases} \quad 1 \leqslant i < s < S$$

$$w_{sik} = \begin{cases} 1, & \text{在}s\text{阶段集装箱}i\text{的层数比集装箱}k\text{低} \\ 0, & \text{否则} \end{cases} \quad 1 \leqslant i, \ k < s < S; \ i \neq k$$

目标函数表示如下：

$$\text{Minimize} \sum_{s=2}^{S} \sum_{i=1}^{s-1} y_{si} \tag{5.1}$$

式（5.1）表示最小化提箱过程中的总倒箱量，即各阶段倒箱量之和。

约束条件：

$$Cu_{si} \geqslant \sum_{c=1}^{C} \sum_{t=1}^{T} cx_{sict} - \sum_{c=1}^{C} \sum_{t=1}^{T} cx_{ssct} + 1, \ 1 \leqslant i < s < S \tag{5.2}$$

$$Cu_{si} - C \leqslant \sum_{c=1}^{C} \sum_{t=1}^{T} cx_{sict} - \sum_{c=1}^{C} \sum_{t=1}^{T} cx_{ssct}, \ 1 \leqslant i < s < S \tag{5.3}$$

式（5.2）和式（5.3）为变量 u_{si} 的约束，若 $u_{si} = 1$，则式（5.2）恒成立，式（5.3）中 $\sum_{c=1}^{C} \sum_{t=1}^{T} cx_{sict} - \sum_{c=1}^{C} \sum_{t=1}^{T} cx_{ssct} \geqslant 0$，可得集装箱 i 的索引号不小于集装箱 s；若 $u_{si} = 0$，则式（5.3）恒成立，式（5.2）中 $\sum_{c=1}^{C} \sum_{t=1}^{T} cx_{sict} - \sum_{c=1}^{C} \sum_{t=1}^{T} cx_{ssct} \leqslant -1$，可得集装箱 i 的索引号小于集装箱 s。

$$Cv_{si} \geqslant \sum_{c=1}^{C}\sum_{t=1}^{T}cx_{ssct} - \sum_{c=1}^{C}\sum_{t=1}^{T}cx_{sict} + 1, \quad 1 \leqslant i < s < S \quad (5.4)$$

$$Cv_{si} - C \leqslant \sum_{c=1}^{C}\sum_{p=1}^{P}cx_{sscp} - \sum_{c=1}^{C}\sum_{p=1}^{P}cx_{sicp}, \quad 1 \leqslant i < s < S \quad (5.5)$$

同理可得变量 v_{si} 的约束，见式（5.4）和式（5.5）。

$$z_{si} = u_{si} + v_{si} - 1, \quad 1 \leqslant i < s < S \quad (5.6)$$

式（5.6）为变量 z_{si} 的约束，若 $z_{si} = 1$，则 $u_{si} = v_{si} = 1$，即集装箱 i 与集装箱 s 位于同一栈；若 $z_{si} = 0$，则 u_{si}、v_{si} 中一个取 1，一个取 0，即集装箱 i 与集装箱 s 位于不同的栈。

$$y_{si} \geqslant z_{si} - 1 + \left(\sum_{c=1}^{C}\sum_{t=1}^{T}tx_{sict} - \sum_{c=1}^{C}\sum_{t=1}^{T}tx_{ssct} \right) \bigg/ T, \quad 1 \leqslant i < s < S \quad (5.7)$$

$$y_{si} \leqslant z_{si}, \quad 1 \leqslant i < s < S \quad (5.8)$$

$$\left(\sum_{c=1}^{C}\sum_{t=1}^{T}tx_{ssct} - \sum_{c=1}^{C}\sum_{t=1}^{T}tx_{sict} \right) \bigg/ T \leqslant 1 - y_{si}, \quad 1 \leqslant i < s < S \quad (5.9)$$

式（5.7）~式（5.9）为变量 y_{si} 的约束，若 $y_{si} = 1$，由式（5.8）可知 $z_{si} = 1$，此时式（5.7）恒成立，式（5.9）中 $\left(\sum_{c=1}^{C}\sum_{t=1}^{T}tx_{ssct} - \sum_{c=1}^{C}\sum_{t=1}^{T}tx_{sict} \right) \bigg/ T \leqslant 0$，即集装箱 i 位于集装箱 s 的上层，又因 $i < s$，故产生倒箱；若 $y_{si} = 0$，由式（5.8）可知 z_{si} 取 1 或 0，若 $z_{si} = 1$，此时式（5.9）恒成立，式（5.7）中 $\left(\sum_{c=1}^{C}\sum_{t=1}^{T}tx_{sict} - \sum_{c=1}^{C}\sum_{t=1}^{T}tx_{ssct} \right) \bigg/ T \leqslant 0$，即集装箱 s 位于集装箱 i 的上层，又因 $i < s$，故不产生倒箱，若 $z_{si} = 0$，则无须倒箱作业，此时式（5.7）与式（5.9）恒成立。

$$\sum_{c=1}^{C}\sum_{t=1}^{T}x_{sict} = 1, \quad 1 \leqslant i \leqslant s < S \quad (5.10)$$

式（5.10）表示在当前阶段，一个集装箱只能占据一个箱位。

$$\sum_{i=1}^{s}x_{sict} \leqslant 1, \quad 1 \leqslant c \leqslant C; \ 1 \leqslant t \leqslant T; \ 1 \leqslant s < S \quad (5.11)$$

式（5.11）表示一个空箱位至多被一个集装箱占据。

$$\sum_{i=1}^{s}x_{sict} \leqslant \sum_{i=1}^{s}x_{sic(t-1)}, \quad 1 \leqslant c \leqslant C; \ 1 < t \leqslant T; \ 1 \leqslant s < S \quad (5.12)$$

式（5.12）表示集装箱不能悬空，即集装箱下方不可为空箱位。

$$\sum_{t=1}^{T}x_{(s-1)ict} \leqslant 2T - Ty_{si} - T\sum_{t=1}^{T}x_{ssct}, \quad 1 \leqslant c \leqslant C; \ 1 \leqslant i < s < S \quad (5.13)$$

式（5.13）表示阻塞箱在倒箱作业前后不可位于同一栈中。若 $y_{si}=1$，$\sum\limits_{t=1}^{T}x_{ssct}=1$，

则 $\sum\limits_{t=1}^{T}x_{(s-1)ict}=0$，即若集装箱 i 为阻塞箱，则经过倒箱作业后不再位于原栈中；若

$y_{si}=0$，$\sum\limits_{t=1}^{T}x_{ssct}=1$，则 $\sum\limits_{t=1}^{T}x_{(s-1)ict}$ 取 0 或 1，即若集装箱 i 不是阻塞箱，则倒箱作

业后其可位于原栈或其他栈中。

$$
\begin{aligned}
\sum_{t=1}^{T}tx_{(s-1)ict}-\sum_{t=1}^{T}tx_{(s-1)kct}\geqslant &-T\left(1-y_{si}\right)-Ty_{sk}-T\left(1-\sum_{t=1}^{T}x_{(s-1)kct}\right)\\
&-T\left(1-\sum_{t=1}^{T}x_{(s-1)ict}\right),\ 1\leqslant c\leqslant C;\ 1\leqslant i,\ k<s<S;\ i\neq k
\end{aligned}
\tag{5.14}
$$

式（5.14）为翻倒箱落箱位的约束。若 $y_{si}=1$，$y_{sk}=0$，则 $\sum\limits_{t=1}^{T}tx_{(s-1)ict}-\sum\limits_{t=1}^{T}tx_{(s-1)kct}\geqslant 0$，

即若在翻倒集装箱 i 前集装箱 k 已在某栈中，则倒箱作业后集装箱 i 不可位于集装

箱 k 的下层；若 $y_{si}=0$，$y_{sk}=1$，则 $\sum\limits_{t=1}^{T}tx_{(s-1)ict}-\sum\limits_{t=1}^{T}tx_{(s-1)kct}\geqslant -2T$，即此时式（5.14）

恒成立。

$$
w_{sik}\geqslant\left(\sum_{c=1}^{C}\sum_{t=1}^{T}tx_{skct}-\sum_{c=1}^{C}\sum_{t=1}^{T}tx_{sict}\right)\Big/T,\ 1\leqslant i,\ k<s<S;\ i\neq k
\tag{5.15}
$$

$$
w_{sik}\leqslant 1+\left(\sum_{c=1}^{C}\sum_{t=1}^{T}tx_{skct}-\sum_{c=1}^{C}\sum_{t=1}^{T}tx_{sict}\right)\Big/T,\ 1\leqslant i,\ k<s<S;\ i\neq k
\tag{5.16}
$$

式（5.15）~式（5.16）为变量 w_{sik} 的约束。若 $w_{sik}=1$，则式（5.15）恒成立，式

（5.16）中 $\left(\sum\limits_{c=1}^{C}\sum\limits_{t=1}^{T}tx_{skct}-\sum\limits_{c=1}^{C}\sum\limits_{t=1}^{T}tx_{sict}\right)\Big/T\geqslant 0$，即集装箱 i 的层数低于集装箱 k；若

$w_{sik}=0$，则式（5.16）恒成立，式（5.15）中 $\left(\sum\limits_{c=1}^{C}\sum\limits_{t=1}^{T}tx_{skct}-\sum\limits_{c=1}^{C}\sum\limits_{t=1}^{T}tx_{sict}\right)\Big/T\leqslant 0$，即

集装箱 i 的层数高于集装箱 k。

$$
\begin{aligned}
\sum_{t=1}^{T}tx_{(s-1)ict}-\sum_{t=1}^{T}tx_{(s-1)kct}\geqslant &-T\left(1-w_{sik}\right)-T\left(1-y_{si}\right)-T\left(1-y_{sk}\right)\\
&-T\left(1-\sum_{t=1}^{T}x_{(s-1)kct}\right)-T\left(1-\sum_{t=1}^{T}x_{(s-1)ict}\right),\ 1\leqslant c\leqslant C;\ 1\leqslant i,\ k<s<S;\ i\neq k
\end{aligned}
\tag{5.17}
$$

式（5.17）为两个翻倒箱落箱位的约束。若集装箱 k 与集装箱 i 先后被倒至同一栈，

且倒箱前集装箱 k 位于集装箱 i 的上层，则倒箱后集装箱 i 位于集装箱 k 的上层。

若 w_{sik} ， y_{si} ， y_{sk} 均为 1 ，则 $\sum\limits_{p=1}^{P} px_{(s-1)icp} - \sum\limits_{p=1}^{P} px_{(s-1)kcp} \geqslant 0$ ，即倒箱后，集装箱 i 位

于集装箱 k 的上层；若 $w_{sik} = 0, y_{si}, y_{sk}$ 均为 1 ，则 $\sum\limits_{t=1}^{T} tx_{(s-1)ict} - \sum\limits_{t=1}^{T} tx_{(s-1)kct} \geqslant -T$ ，即

式（5.17）恒成立。

$$x_{Si'ct} = 1, 1 \leqslant c \leqslant C; 1 \leqslant t < T; 1 \leqslant i' < i \leqslant S \qquad （5.18）$$

式（5.18）表示若在起始阶段集装箱 i 位于栈 c 中，且同栈中位于集装箱 i 下方的集装箱的索引号均小于集装箱 i ，则集装箱 i 下方的集装箱一直位于起始位置直至集装箱 i 被提取。

$$x_{(s-1)ict} - x_{sict} \geqslant -z_{si}, 1 \leqslant c \leqslant C; 1 \leqslant t \leqslant T; 1 \leqslant i < s < S \qquad （5.19）$$

$$x_{sict} - x_{(s-1)ict} \geqslant -z_{si}, 1 \leqslant c \leqslant C; 1 \leqslant t \leqslant T; 1 \leqslant i < s < S \qquad （5.20）$$

式（5.19）~式（5.20）表示在阶段 s 除与集装箱 s 在同一栈的其他集装箱，在下一阶段仍堆放在当前的箱位中。若 z_{si} 为 0 ，则 $x_{sict} = x_{(s-1)ict} = 1$ ，即与集装箱 s 不同栈的集装箱在下一个阶段不会改变堆存箱位。若 z_{si} 为 1 ，则 $x_{sict} = x_{(s-1)ict} = 1$ 或者 $x_{sict} = 1$ ， $x_{(s-1)ict} = 0$ 。若 $x_{sict} = x_{(s-1)ict} = 1$ ，则与集装箱 s 同栈的集装箱在下一阶段不会改变堆存箱位；若 $x_{sict} = 1, x_{(s-1)ict} = 0$ ，则与集装箱 s 同栈的集装箱在下一阶段改变堆存箱位。

$$x_{(s-1)ict} - x_{sict} \geqslant z_{si} - y_{si} - 1, 1 \leqslant c \leqslant C; 1 \leqslant t \leqslant T; 1 \leqslant i < s < S \qquad （5.21）$$

$$x_{sict} - x_{(s-1)ict} \geqslant z_{si} - y_{si} - 1, 1 \leqslant c \leqslant C; 1 \leqslant t \leqslant T; 1 \leqslant i < s < S \qquad （5.22）$$

式（5.21）和式（5.22）表示在阶段 s ，与集装箱 s 在同一栈但是位于其下层的集装箱，在下一阶段仍堆放在当前的箱位中。若 $z_{si} = y_{si} = 1$ ，则 $x_{sict} = 1$ ， $x_{(s-1)ict} = 0$ ，即位于集装箱 s 上层的集装箱在下一阶段将被移出当前栈。若 $z_{si} = 1, y_{si} = 0$ ，则 $x_{sict} = x_{(s-1)ict} = 1$ ，即位于集装箱 s 下层的集装箱在下一阶段保持在当前的堆存位置。

$$x_{sict}, u_{si}, v_{si}, z_{si}, y_{si}, w_{sik} \text{ 为二进制变量}, 1 \leqslant c \leqslant C; 1 \leqslant t \leqslant T; 1 \leqslant i < s < S \qquad （5.23）$$

式（5.23）表示各变量为二进制变量，而该静态问题的 IP 模型的特点也即求解过程中涉及大量的二进制变量。

三、算法描述

本节采用了最低层（lowest tier，LT）算法、倒箱指数（reshuffling index，RI）算法、倒箱期望数（expected number of additional reshuffles，ENAR）算法三种算法与提出的 IP 模型进行比较，以下介绍这三种算法的概念及 IP 模型的求解

方法。

1. 最低层算法

Zhang 运用 LT 算法求解翻倒箱的落箱位置，即选择层数最低的空箱位作为落箱位[25]。随着贝平均高度的增加，无效移动的数量也会增加，因此 LT 算法选择最低的可能箱位。

2. 倒箱指数算法

这种启发式算法由 Murty 等提出，是基于提箱优先顺序的一种算法，即计算每一栈的倒箱指数，并从中选择指数最小的栈进行落箱[135]。RI 算法亦适用于集装箱的取箱作业过程，Wan 等[134]曾做了这方面的研究。一个栈的倒箱指数是指栈中优先级高于目标箱的集装箱的数量。若某栈中集装箱的倒箱指数为 0，则当前倒箱不会导致近阶段的多余倒箱[136]。

3. 倒箱期望数算法

ENAR 算法由 Kim 和 Hong[112]提出，考虑集装箱未来的堆存情况，并估算每一栈的当前倒箱导致未来额外倒箱的数量，给出了 ENAR 算法的递推公式，最终选择期望数最小的作为落箱栈。为简化计算过程，可假设其他栈的每一个集装箱均有相等的概率被倒至空箱位[136]。

求解 IP 模型时，随着栈数量的增加，二进制变量的数量也将增多，且解的搜索空间将变得更大，这将导致 IP 模型的平均求解时间大幅度增加。因此，对一个较大规模的贝求解大型的 IP 问题，可以转化为求解一个序列的多个小型 IP 问题。本节将提空一个贝的过程分解为多个子问题，每个子问题解决固定数量的集装箱的提取问题，直至集装箱全部被提空。将该方法记为 IP_i，i 即固定的每次提取的集装箱的数量。

四、数值实验与分析

本节运用 ILOG CPLEX 10.0 进行 IP 模型的求解，并将 LT 算法、RI 算法、ENAR 算法运用 C 语言在 Microsoft Visual C++进行编程，并在 PC（personal computer，个人计算机）上运行（英特尔酷睿 I5 CPU，2.50 GHz，4.0 GB 内存）①。

为对比不同算法的性能，本节设计了不同贝规模及不同堆存密度的数值实验。贝规模取决于层数（T）与栈数（C），设定层数取值为 2~4，栈数取值为 3~6。将堆存密度划分为小、中、大三个类别，可分别表示为：$C+1$，$\left\{\left[TC-(T-1)\right]+\right.$

---

① CPU：central processing unit/processor，中央处理器；GHz：千兆赫兹；GB：十亿字节。

$\left(C+1\right)\}/2$，$TC-\left(T-1\right)$。每个贝的规模及堆存密度如表 5.1 所示。

表 5.1　贝规模及堆存密度

贝规模		堆存密度		
栈数	层数	小	中	大
3	2	4	5	5
3	3	4	6	7
3	4	4	7	9
4	2	5	6	7
4	3	5	8	10
4	4	5	9	13
5	2	6	8	9
5	3	6	10	13
5	4	6	12	17
6	2	7	9	11
6	3	7	12	16
6	4	7	14	21

表 5.1 中信息适用于自动随机生成数值实验需要的贝结构。表 5.2~表 5.9 将针对不同的贝结构组合，提供平均求解时间及平均倒箱量的数据。每种组合将通过 50 例不同的贝结构进行实验，CPU 时间均以秒为单位。

表 5.2　三种不同堆存密度下 IP 模型求解时间　　　　单位：秒

贝规模		堆存密度								
		小			中			大		
栈数	层数	最低	最高	平均	最低	最高	平均	最低	最高	平均
3	2	0	0.020	0.003	—	—	0.030	0	0.020	0.006
3	3	0	0.061	0.007	0	0.030	0.012	0	0.091	0.019
3	4	0	0.020	0.006	0.010	0.141	0.033	0.010	9.060	0.661
4	2	0	0.020	0.004	0	0.020	0.009	0	0.020	0.014
4	3	0	0.020	0.009	0	0.697	0.081	0.020	2.727	0.218
4	4	0	0.030	0.010	0.010	6.302	0.560	0.141	3 349.382	252.982
5	2	0	0.030	0.008	0	0.051	0.016	0	0.051	0.020
5	3	0	0.051	0.013	0.030	1.768	0.254	0.081	117.473	3.581
5	4	0	0.030	0.014	0.061	22 652.694	507.712	0.525	120 694.606	9 698.179
6	2	0	0.030	0.013	0	0.202	0.033	0.010	0.273	0.052
6	3	0	0.131	0.029	0.051	139.713	8.773	0.141	2 793.832	176.290
6	4	0	0.131	0.037	0.202	70 529.078	1 924.102	2 454.472	3 058.694	2 756.583

表 5.3　大堆存密度下算法的 CPU 平均耗时　　　　　　单位：秒

贝规模		求解算法								
栈数	层数	IP	IP_2	IP_4	IP_6	IP_8	IP_10	LT	RI	ENAR
3	2	0.006	0.007	—	—	—	—	0	0	0
3	3	0.019	0.014	0.014	—	—	—	0.303	0.303	0.303
3	4	0.661	0.029	0.046	0.247	—	—	0	0	0
4	2	0.014	0.005	0.006	—	—	—	0	0	0
4	3	0.218	0.021	0.037	0.085	0.172	—	0	0	0
4	4	252.982	0.064	0.162	1.622	17.059	116.734	0.909	0	0
5	2	0.020	0.011	0.011	0.019	—	—	0.606	0.606	0
5	3	3.581	0.030	0.075	0.121	0.270	0.928	0	0	0.303
5	4	9 698.179	0.100	0.395	3.560	87.505	3 329.366	0.606	0.303	0.303
6	2	0.052	0.013	0.015	0.026	0.043	—	0	0.303	0
6	3	176.290	0.068	0.137	0.455	1.016	10.396	0.606	0.606	0
6	4	2 756.583	0.179	0.887	7.698	168.782	4 444.716	1.212	0	0.909

表 5.4　中堆存密度下算法的 CPU 平均耗时　　　　　　单位：秒

贝规模		求解算法								
栈数	层数	IP	IP_2	IP_4	IP_6	IP_8	IP_10	LT	RI	ENAR
3	2	0.030	—	—	—	—	—	—	—	—
3	3	0.012	0.010	0.012	—	—	—	0	0.606	0
3	4	0.033	0.021	0.019	—	—	—	0.303	0.303	0
4	2	0.009	0.008	0.004	—	—	—	0.909	0	0
4	3	0.081	0.020	0.024	0.043	—	—	0	0.303	0
4	4	0.560	0.034	0.088	0.479	—	—	0.303	0.606	0
5	2	0.016	0.007	0.009	0.017	—	—	0	0.303	0
5	3	0.254	0.023	0.051	0.145	0.311	—	0.303	0.606	0
5	4	507.712	0.069	0.254	3.364	18.013	268.851	0.606	0.303	0.606
6	2	0.033	0.016	0.012	0.026	—	—	0	0	0
6	3	8.773	0.035	0.092	0.299	3.231	3.508	0	0.303	0.303
6	4	1 924.102	0.116	0.308	2.379	15.232	328.433	0	0.303	0

表 5.5　小堆存密度下算法的 CPU 平均耗时　　　　单位：秒

贝规模		求解算法								
栈数	层数	IP	IP_2	IP_4	IP_6	IP_8	IP_10	LT	RI	ENAR
3	2	0.003	0.005	—	—	—	—	0	0	0
3	3	0.007	0.005	—	—	—	—	0	0	0
3	4	0.006	0.008	—	—	—	—	0	0	0
4	2	0.004	0.004	—	—	—	—	0	0	0.309
4	3	0.009	0.005	—	—	—	—	0.618	0	0
4	4	0.010	0.010	—	—	—	—	0.309	0	0
5	2	0.008	0.010	0.004	—	—	—	0.309	0	0
5	3	0.013	0.016	0.010	—	—	—	0	0	0
5	4	0.014	0.012	0.013	—	—	—	0	0.309	0.309
6	2	0.013	0.010	0.010	—	—	—	0.309	0	0
6	3	0.030	0.015	0.020	—	—	—	0.309	0.309	0.309
6	4	0.038	0.028	0.028	—	—	—	0.618	0.309	0

表 5.6　IP 算法求解三种堆存密度的平均倒箱量　　　　单位：次

贝规模		堆存密度		
栈数	层数	小	中	大
3	2	0.74	0.74	1.34
3	3	0.80	2.21	3.49
3	4	0.80	3.00	6.09
4	2	0.82	1.24	2.08
4	3	1.37	3.05	4.96
4	4	1.11	3.61	8.19
5	2	1.03	1.91	2.25
5	3	1.24	3.40	5.38
5	4	1.24	5.25	10.82
6	2	1.07	1.81	2.56
6	3	1.47	4.01	7.25
6	4	1.81	5.36	11.03

表 5.7　大堆存密度下算法的平均倒箱量　　　单位：次

贝规模		求解算法								
栈数	层数	IP	IP_2	IP_4	IP_6	IP_8	IP_10	LT	RI	ENAR
3	2	1.34	1.34	—	—	—	—	1.32	1.32	1.32
3	3	3.49	4.00	3.73	—	—	—	3.75	3.54	3.48
3	4	6.09	6.74	6.37	6.20	—	—	6.55	6.26	6.26
4	2	2.08	2.12	2.08	—	—	—	2.10	2.04	2.04
4	3	4.96	5.89	5.27	5.15	4.94	—	5.31	4.92	4.96
4	4	8.19	10.30	9.37	8.49	8.38	8.14	9.48	8.71	8.45
5	2	2.25	2.35	2.27	2.37	—	—	2.31	2.20	2.20
5	3	5.38	7.21	6.20	5.87	5.60	5.40	6.06	5.42	5.44
5	4	10.82	13.93	12.71	11.58	11.31	11.27	12.61	11.25	11.12
6	2	2.56	2.64	2.62	2.64	2.68	—	2.60	2.51	2.51
6	3	7.25	9.46	8.53	7.97	7.91	7.89	7.85	7.35	7.33
6	4	11.03	18.33	16.01	14.30	14.17	13.66	15.26	13.88	13.62

表 5.8　中堆存密度下算法的平均倒箱量　　　单位：次

贝规模		求解算法								
栈数	层数	IP	IP_2	IP_4	IP_6	IP_8	IP_10	LT	RI	ENAR
3	2	0.74	—	—	—	—	—	—	—	—
3	3	2.21	2.37	2.20	—	—	—	2.35	2.25	2.25
3	4	3.00	3.38	3.19	—	—	—	3.23	3.07	3.05
4	2	1.24	1.28	1.26	—	—	—	1.22	1.22	1.22
4	3	3.05	3.87	3.34	3.09	—	—	3.32	3.09	3.05
4	4	3.61	4.64	4.00	3.75	—	—	4.14	3.61	3.69
5	2	1.91	1.98	2.00	2.06	—	—	1.92	1.87	1.87
5	3	3.40	4.74	4.06	3.50	3.48	—	3.56	3.36	3.38
5	4	5.25	7.35	6.34	5.85	5.60	5.23	6.04	5.54	5.21
6	2	1.81	2.04	1.87	1.92	—	—	1.85	1.77	1.77
6	3	4.01	6.30	5.23	4.41	4.28	4.02	4.37	4.02	3.93
6	4	5.36	8.61	7.17	6.10	5.81	5.64	6.14	5.40	5.29

表 5.9　小堆存密度下算法的平均倒箱量　　　　　　单位：次

贝规模		求解算法								
栈数	层数	IP	IP_2	IP_4	IP_6	IP_8	IP_10	LT	RI	ENAR
3	2	0.74	0.71	—	—	—	—	0.75	0.71	0.71
3	3	0.80	0.84	—	—	—	—	0.86	0.78	0.78
3	4	0.80	0.86	—	—	—	—	0.80	0.78	0.78
4	2	0.82	0.80	—	—	—	—	0.86	0.80	0.80
4	3	1.37	1.63	—	—	—	—	1.39	1.33	1.33
4	4	1.11	1.20	—	—	—	—	1.12	1.08	1.08
5	2	1.03	1.08	1.08	—	—	—	1.00	1.00	1.00
5	3	1.24	1.63	1.31	—	—	—	1.22	1.20	1.20
5	4	1.24	1.43	1.33	—	—	—	1.20	1.20	1.20
6	2	1.07	1.14	1.14	—	—	—	1.04	1.04	1.04
6	3	1.47	2.02	1.65	—	—	—	1.43	1.43	1.43
6	4	1.81	2.53	2.00	—	—	—	1.77	1.75	1.75

表 5.2 描述了运用 IP 模型求解三种不同堆存密度下的 50 例实验的 CPU 时间（最低耗时、最高耗时、平均耗时）。以 CPU 平均耗时为例，通过 IP 模型求解小规模实验的 CPU 平均耗时低于 0.07 秒。对于大规模实验，贝规模为 5×4、6×4 的中密度，以及贝规模为 4×4、5×4 及 6×4 的大密度情况，CPU 平均耗时均超过 250 秒。对于贝中集装箱数量低于 12 个的实验，在各种规模下的 CPU 平均耗时均低于 120 秒。当贝规模一定时，CPU 平均耗时随着堆存密度的增加而增加；当栈数与堆存密度一定时，CPU 平均耗时随着层数的增加而增加。这是提取集装箱数量的增多及候选堆存箱位数量的增多导致的。当层数及堆存密度一定时，CPU 平均耗时基本呈现随着栈数的增加而增加，且 CPU 平均耗时随着所研究问题规模的扩大呈现指数式增长。

表 5.3~表 5.5 分别显示了通过 IP 算法、IP_i 算法、LT 算法、RI 算法、ENAR 算法五种算法求解的大、中、小堆存密度实验所得的 CPU 平均耗时。

在此仅探讨大堆存密度下五种算法的 CPU 平均耗时。如表 5.3 所示，LT 算法、RI 算法、ENAR 算法三种启发式算法的 CPU 平均耗时分别低于 1.3 秒、0.7 秒、1.0 秒。对于最大的贝规模而言，三种启发式算法在 CPU 平均耗时上相差无几，且大大低于 IP 算法。除了较大的贝规模外，三种启发式算法与 IP 算法在 CPU 平均耗时上表现相当。因此，本节运用 IP_i 这种衍生算法求解较大规模的贝内集装箱问题，IP_i 算法的 CPU 平均耗时约为 IP 算法的 1/3。

表 5.6 描述了运用 IP 算法求解不同贝规模及堆存密度实验的倒箱量结果。对于小堆存密度的例子，IP 算法求解任意贝规模的平均倒箱量均低于 2 次。对于大型的贝规模，5×4、6×4 的中堆存密度，3×4、4×4、5×4、6×3 及 6×4 的大堆存密度，平均倒箱量均高于 5 次。当贝规模一定时，平均倒箱量随着堆存密度的增大而增加。当栈数与堆存密度一定时，平均倒箱量基本随着层数的增加而增加。这也证明了层数越高，贝内倒箱量越大。当层数与堆存密度一定时，平均倒箱量基本呈现随着栈数的增加而增加的现象。

表 5.7~表 5.9 分别显示了通过 IP 算法、IP_i 算法、LT 算法、RI 算法、ENAR 算法求解的大、中、小堆存密度实验所得的平均倒箱量。

同样地，在此仅探讨大堆存密度下五种算法求得的平均倒箱量。由表 5.7 可知，运用 IP 算法求得的平均倒箱量低于其他算法。尽管其他算法的 CPU 平均耗时较短，但 IP 算法在优化倒箱量的表现上是最优的。此外，RI 算法及 ENAR 算法求解所得的平均倒箱量不高于 LT 算法及 IP_i 算法。

第二节　集装箱动态存取优化问题

本节在第一节研究的基础上，探讨出口集装箱的动态堆存问题。

集装箱的动态堆存及提取问题一直是理论界的研究热点，鉴于该问题的复杂性，研究时存在一定的难度。假设有 n 个集装箱，则这些集装箱所有可能的堆垛结构有 $n!$ 个。为简化这个问题，降低集装箱的不确定性，本节仅考虑出口集装箱的一个贝内的堆存提取问题，并假设初始阶段贝中无集装箱堆存。若一个贝堆满了集装箱，则提取集装箱时无缓冲区域堆存倒箱的集装箱。因此，设定一个贝内集装箱的数量上限为 $TC-(T-1)$。同样地，如果一个贝已堆满，则无空余箱位放置即将到达的集装箱。因此，本书假定存在一个临时堆存区域用来暂存尚未被作业的集装箱。前述的三种启发式算法依然用作对比实验。

一、基于启发式算法的整数规划算法

本节将该问题划分为两种情境：一种为集装箱到达已知贝；一种为集装箱离开已知贝。下文介绍如何确定到达箱与阻塞箱的堆存位置。

1. 到达箱

本节为到达箱考虑所有可能的堆存箱位，因此需要先为到达箱选择一个合适的箱位。对于第一节的静态问题，运用 IP 算法求解得到提空一个贝的 CPU 平均耗时

将随着贝内集装箱数量的增加而指数式的增长。当一个贝内的集装箱总数量超过
11 个时，运用 IP 算法求解提空一个贝的 CPU 平均耗时高于 120 秒（设定 120 秒为
可以承受的时耗上限），因此，本节采用以 12 个集装箱为一个标准来选择集装箱堆
存箱位的规则。为了加快 IP 算法求解较大的贝规模的速度，每次选择提取特定数
量的集装箱来优化单个集装箱的堆存箱位。在对动态问题连续测试了不同的提取箱
量后，结果表明每次提取 5 个集装箱可以使总的倒箱量与 CPU 平均耗时达到最好
的平衡。在测试所有可能的箱位之后，为到达箱选择倒箱量最少的箱位进行堆存。

2. 阻塞箱

首先，应确定下一个集装箱到达前需要离开当前贝的集装箱的数量。由于本
节仅考虑单一贝提取的集装箱，而对于动态情境，若提取的集装箱数量较少，将
导致阻塞箱的落箱位置不够优化。在对动态问题连续测试了更多不同的提取箱量
后，发现当提取集装箱的数量超过 8 个时，堆存箱位差异不大。因此，本节采用
8 个集装箱为一个提取标准。若一个贝内有超过 8 个集装箱被提取，则将"提取 8
个集装箱"与"为阻塞箱确定堆存箱位"作为一个 IP 问题。否则，将"提取所有
要离开贝的箱子"与"为阻塞箱确定堆存箱位"作为一个 IP 问题。在减少总倒箱
量的优化过程中，可以获得堆存箱位的相关信息。

运用基于启发式算法的 IP 算法（下文简写为 H-IP 算法）求解动态问题的流
程，如图 5.1 所示。显然，图 5.1 中，m，n，q 取值分别为 12、5、8。

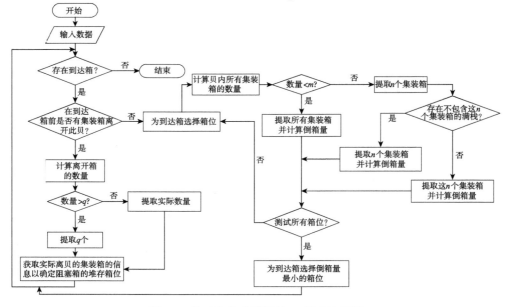

图 5.1　基于启发式规则的 IP 算法流程图

二、集装箱进场规律

为测试上述提出的算法的有效性，本节通过有到达时间间隔的三种不同的进场到达过程（泊松过程、爱尔朗过程、超指数过程）比较提出的算法在不同过程下的表现。上述三种到达过程为不同到达模式下提供了不同的方差。集装箱的到达与离开时间服从 GI/M/∞[①]排队系统的情形，服务时间服从指数分布。以下方法用于生成三种不同到达过程下的到达与离开时间。

令 X 表示到达间隔时间的随机变量；Z 表示服务时间的随机变量，即到达与离开的时间间隔；Y 表示离开时间，则 $Y=X+Z$；U 表示均匀分布；L 表示 GI/M/∞ 排队系统的平均数量，可将其转化为与平均堆存密度相一致。

（一）泊松过程

实验结果满足泊松分布的实验即泊松过程。泊松过程把离散的伯努利过程变得连续化。以抛硬币实验为例，原来是抛 n 次硬币，现在变成了抛无穷次硬币；原来某次抛硬币得到正面朝上的概率是 p，而现在 p 无限接近于 0（$p=E/n$），即非常难抛出正面朝上的硬币；但是 n 次实验中硬币正面朝上的次数的期望不变，即 E 恒定。在泊松过程中，抛出硬币正面朝上这样的事件叫做到达（arrival），单位时间内到达的数量叫做到达率（arrival rate）。

因此，泊松过程需要满足以下三个性质。

（1）在任意单位时间长度内，到达率是稳定的。对应于无穷次抛硬币的例子，相当于把一个单位时间分割成了无穷次抛硬币的实验，每次实验产生正面朝上的概率都是一样的（为 E/n），而在这无穷次抛硬币实验之后（即一个单位时间之后）期望能抛出 E 个正面朝上的硬币。这个性质类比于在有限次抛硬币（二次分布）的例子中保证了每次抛出硬币为正面朝上的概率都为 p。

（2）未来的实验结果与过去的实验结果无关。对应于无穷次抛硬币的例子，之前不管抛出了多少个正面朝上和反面朝上的硬币，都不会影响之后硬币正面朝上出现的结果。

（3）在极小的一段时间内，有 1 次到达的概率非常小，没有到达的概率非常大。对应于无穷次抛硬币的例子，硬币正面朝上的概率 $p=E/n$ 趋向于 0。

本节中，泊松过程的时间间隔服从指数分布 $X \sim \exp(\lambda)$，令 $L=\lambda/\mu$，$\lambda=1$。首先，由 U 生成随机变量 μ，令 $x=-\ln(\mu)/\lambda$；其次，由 U 生成另一个随机变量 μ，令 $Z=-L\ln(\mu)$，$y=x+z$。

---

① GI/M/∞：多服务系统，其顾客到达属一般分布，服务时间属参数为 λ 的泊松分布。

（二）爱尔朗过程

多个泊松过程相加得到爱尔朗过程。

本节中，令爱尔朗过程 (n,γ) 中 $n=20$，$1/\gamma=3\,000$，由 U_i 生成随机变量 μ_i，$1\leqslant i\leqslant n$，$x=-\ln\left(\prod_{i=1}^{n}\mu_i\right)\bigg/\gamma$（$\gamma$ 指期望）。

（三）超指数过程

实验结果满足超指数分布的实验即超指数过程。超指数分布又称混合指数分布，假设有 k 个平行的服务台，服务时间均服从指数分布，平均服务时间分别为 $1/\mu_i$，$1\leqslant i\leqslant k$，一个顾客到达后以概率 α_i 选取第 i 个服务台，但直到正在接受服务的顾客服务完成之前，不允许新的顾客在别的服务台处接受服务，这样的顾客服务时间分布服从 k 阶超指数分布。

本节中，令 $c^2=20$（c^2 表示次数），$p=\dfrac{1}{2}+\dfrac{1}{2}\sqrt{\dfrac{c^2-1}{c^2+1}}$，$\dfrac{p}{\mu_1}=\dfrac{1-p}{\mu_2}=0.5$。由 U 生成随机变量 μ_1 和 μ_2，若 $\mu_1\leqslant p$，则返回 $-\ln(\mu_2)/\mu_1$，否则返回 $-\ln(\mu_1)/\mu_2$。

三、数值实验与分析

在上述三种不同的到达过程下，产生到达与离开贝的时间，并根据离开时间为每一个集装箱编号。之后，运用第一节的三种启发式算法与提出的算法做对比。所有基于 IP 模型的算法均运用 ILOG CPLEX 10.0 计算，采用的计算机语言与运行环境与第一节中静态问题的求解环境相同。本节测试了不同贝规模与堆存密度下的求解结果，贝规模及堆存密度与静态问题的参数设置相同，在作业过程中涉及集装箱数量设定为 1 000 个，即对每一个数值例均做 1 000 个集装箱的运行测试。

表 5.10~表 5.13 给出了贝内每种组合的求解时间及倒箱量，CPU 时间单位为秒。同样地，仅探讨大密度的动态问题情形。

表 5.10　大堆存密度下三种不同过程的 CPU 平均耗时　　单位：秒

贝规模		到达过程										
栈数	层数	泊松				爱尔朗				超指数			
		H-IP	LT	RI	ENAR	H-IP	LT	RI	ENAR	H-IP	LT	RI	ENAR
3	2	5	43	48	58	5	53	53	64	4	37	43	43
3	3	22	48	58	69	29	58	69	69	20	43	48	53
3	4	233	58	64	69	432	58	80	74	332	43	48	58
4	2	14	48	53	58	18	58	58	69	12	43	43	48
4	3	123	53	64	80	196	69	74	69	134	48	48	64

续表

贝规模		到达过程											
		泊松				爱尔朗				超指数			
栈数	层数	H-IP	LT	RI	ENAR	H-IP	LT	RI	ENAR	H-IP	LT	RI	ENAR
4	4	10 908	74	69	101	12 364	48	90	90	11 990	53	53	69
5	2	34	58	58	69	53	74	69	85	30	53	43	53
5	3	1 064	64	64	80	1 090	80	85	106	819	48	53	58
5	4	21 199	69	69	106	15 262	80	74	117	18 173	64	64	74
6	2	84	58	64	64	108	69	74	74	72	48	53	53
6	3	1 169	74	69	85	1 459	85	90	96	856	53	53	69
6	4	24 353	101	106	106	19 229	112	80	133	28 999	53	64	74

表 5.11　大堆存密度下三种不同过程的倒箱量　　　　单位：次

贝规模		到达过程											
		泊松				爱尔朗				超指数			
栈数	层数	H-IP	LT	RI	ENAR	H-IP	LT	RI	ENAR	H-IP	LT	RI	ENAR
3	2	104	214	108	168	132	269	161	212	97	170	127	157
3	3	260	465	319	403	324	518	363	485	228	328	257	308
3	4	420	731	534	621	515	817	655	740	365	484	414	499
4	2	123	256	122	166	147	281	156	215	107	189	127	149
4	3	279	547	321	416	329	583	392	519	239	364	273	334
4	4	501	874	607	694	547	905	641	774	400	570	466	559
5	2	123	285	128	169	135	306	153	203	120	188	136	157
5	3	321	593	369	409	368	670	420	516	275	409	297	345
5	4	578	907	601	698	638	1 020	702	847	448	595	499	518
6	2	140	298	140	170	152	325	167	187	136	216	142	151
6	3	375	633	356	446	433	668	420	519	282	403	293	320
6	4	606	969	591	715	702	1 047	700	878	474	635	501	549

表 5.12　泊松到达过程下算法求解的平均倒箱量　　　　单位：次

贝规模		堆存密度											
		小				中				大			
栈数	层数	H-IP	LT	RI	ENAR	H-IP	LT	RI	ENAR	H-IP	LT	RI	ENAR
3	2	100	225	110	172	—	—	—	—	104	214	108	168
3	3	172	373	211	296	269	508	308	404	260	465	319	403
3	4	203	459	248	259	418	719	519	593	420	731	534	621
4	2	88	236	86	151	114	261	124	191	123	256	122	166
4	3	103	338	112	190	268	531	277	375	279	547	321	416
4	4	126	388	133	180	346	745	458	527	501	874	607	694

续表

贝规模		堆存密度											
栈数	层数	小				中				大			
		H-IP	LT	RI	ENAR	H-IP	LT	RI	ENAR	H-IP	LT	RI	ENAR
5	2	75	230	72	119	127	297	122	169	123	285	128	169
5	3	108	377	117	190	274	576	298	391	318	593	369	409
5	4	69	340	62	104	462	854	490	605	578	907	601	698
6	2	69	262	78	103	100	274	96	143	140	298	140	170
6	3	70	303	56	120	282	595	251	359	375	633	356	446
6	4	55	290	35	74	415	845	384	481	606	969	591	715

表 5.13　泊松到达过程下算法求解的 CPU 平均耗时　　　　单位：秒

贝规模		堆存密度											
栈数	层数	小				中				大			
		H-IP	LT	RI	ENAR	H-IP	LT	RI	ENAR	H-IP	LT	RI	ENAR
3	2	5	42	47	58	—	—	—	—	5	42	47	58
3	3	16	53	63	79	23	58	58	73	22	47	58	68
3	4	47	63	69	84	202	58	63	89	231	58	63	79
4	2	12	53	63	68	14	47	53	68	14	47	53	58
4	3	46	63	69	95	108	58	63	79	122	53	63	79
4	4	1 122	74	79	95	4 566	74	74	110	10 801	74	68	100
5	2	29	58	63	84	36	53	63	74	34	58	58	68
5	3	175	68	68	79	908	68	68	95	1 053	63	63	79
5	4	278	79	79	95	21 459	74	74	95	20 991	74	68	105
6	2	60	68	63	79	73	63	63	89	83	58	63	63
6	3	362	84	74	105	917	84	84	89	1 157	73	68	84
6	4	649	68	79	116	26 015	79	42	121	24 114	100	105	105

　　表 5.10 汇总了基于 H-IP 算法下大密度的三种不同过程下的 CPU 平均耗时。由表 5.10 中数据可知，对任意一种到达过程，运用 H-IP 算法为每一个集装箱决策堆存箱位的 CPU 平均耗时都低于 30 秒（表 5.10 中数值除以 1 000）；而对其他三种启发式算法而言，求解时间均在 0.1 秒以内。对于大的贝规模，4×4、5×4 及 6×4 的情形，三种启发式算法的 CPU 平均耗时很短。可见，对于大的贝规模而言，尽管 H-IP 算法的求解速度不如其他三种启发式算法，但是 CPU 平均耗时（30 秒以内）仍在可以接受的范围内（120 秒以内）。

　　表 5.11 展示了 H-IP 算法下大堆存密度的三种不同过程下的倒箱量。由表 5.11 中数据可知，对任意一种到达过程，运用 H-IP 算法提取每一个集装箱所需的倒箱

量均低于 1 次，且均优于其他三种启发式算法。此外，在这三种启发式算法中，运用 RI 算法在绝大多数算例求解所得的倒箱量是最低的。

下面，以泊松到达过程为例，分析不同贝规模与堆存密度组合下，运用不同算法求解而得的倒箱量及 CPU 平均耗时。

表 5.12 汇总了在到达过程为泊松过程的情形时，运用 H-IP 算法、LT 算法、RI 算法及 ENAR 算法求解的不同贝规模与堆存密度组合下的平均倒箱量。由表 5.12 中数据可知，针对不同的贝规模与堆存密度组合，H-IP 算法的求解效果较好，求得的倒箱量较低。对比其他三种启发式算法，不难看出，LT 算法的优化效果最差，RI 算法的优化效果均优于其他两种算法。贝规模（栈数、层数的变化）、堆存密度（小、中、大的变化）与倒箱量的关系和静态问题基本一致。

表 5.13 汇总了在到达过程为泊松过程的情形时，运用 H-IP 算法、LT 算法、RI 算法及 ENAR 算法求解的不同贝规模与堆存密度组合下的 CPU 平均耗时。由表 5.13 中数据可以看出，在层数较低（2 层），栈数在 5 栈以内的小规模算例实验中，H-IP 算法的表现均优于其他三种启发式算法。而当贝内集装箱的数量逐渐增多时，启发式算法在求解速度上的优势逐步显现，H-IP 算法的求解耗时则不同幅度增加。在相同的贝规模下，H-IP 算法的求解时间会随着堆存密度的提高而大幅度增加，然而对于其他三种启发式算法，求解时间并未随着堆存密度的提高而产生较大的变化。此外，在所有实验情境下，三种启发式算法求解的 CPU 平均耗时相差不多，但是 ENAR 算法求解的 CPU 平均耗时最长。

第三节　本　章　小　结

集装箱进场堆垛箱位优化属于出口集装箱倒箱率优化控制四个阶段中的第一个阶段，旨在通过优化交箱堆存箱位，保证先装船的集装箱放在堆垛上方，以减少后续作业中的倒箱量。

目前理论界针对该问题的研究大多集中在静态堆存问题上，在堆存过程中没有考虑集装箱装船时间或装船顺序，因而缺乏动态性，优化效果欠佳。因此，本章对出口集装箱集港的研究考虑了其进场的不确定因素，以后续可能产生的倒箱作业最少为目标，建立 IP 模型，首先处理静态问题，其次在静态模型的基础上解决动态问题，以期结合精确算法与启发式算法的优点，达到改进现有研究中的优化算法、研究成果可更好地指导实际操作的目的。

当所研究问题的规模较大时，运用求解软件进行 IP 模型求解时间较长，因此，本书结合 IP 模型与集装箱堆存规则处理动态问题。不论动态、静态，本章将提出的方法均与三种现有的启发式算法做比较。在解决静态箱位指派问题上，本书提出的 IP 模型优势明显，但与除最低层之外的两种启发式算法相差甚微；在解决动态箱位指派问题上，本书提出的结合 IP 模型的算法在大部分的实验下优于其余算法。

第六章　考虑倒箱的出口集装箱装船顺序优化

第五章针对出口集装箱倒箱率优化控制四个阶段中的第一个阶段"出口集装箱进场阶段的箱位选择"问题进行了研究,本章将在第一个阶段的基础上,即在出口集装箱已堆存在堆场区域的前提下,针对第二个阶段"确定并优化出口集装箱的装船顺序"问题进行探讨。

为了有效利用集装箱堆场空间资源,集装箱通常采取多层堆码的方式进行存储。执行装船作业时,必须依据船舶配载图进行操作,而船舶配载图决定了每个集装箱在船上的具体位置,且龙门吊只能从最上层开始提取集装箱,从而很大程度上决定了装船顺序。当需要提取的集装箱位于其他集装箱的下方时,就会产生额外的倒箱作业,从而使作业成本增加。因此,如何安排集装箱的装船顺序以有效避免或减少倒箱操作成为集装箱码头面临的重要问题。

针对如何确定出口集装箱合理装船顺序的问题,现有研究较少。王晓等讨论了在集装箱码头实际装船作业中应用性较强的两种装船方式,一种为"结合配载与船控的装船策略,既保证装船速度,又保证准舱率的装船方式",另一种为"侧重于保证装船速度,又兼顾准舱率的装船方式",并针对两种方式分别建立数学矩阵模型,编写 MATLAB 程序进行求解[137]。朱明华等结合集装箱码头作业状况深入分析倒箱作业产生的原因,在提出的初始启发式算法的基础上,进一步提出了基于启发式算法的改进策略,并通过对比实验验证了改进策略较启发式算法的优越性[138]。靳志宏等考虑了海关放关与否的现实约束,构建以最小倒箱量为目标的集装箱装船顺序优化模型,运用启发式算法求解,数值实验验证了模型与算法的有效性[139]。

本章在上述研究的基础上,基于产业界的通行做法并在分析集装箱堆场操作实际情况的基础上,考虑了装船作业的现实约束与优化目标,以作业过程中倒箱量最少为目标，对集装箱装船顺序优化问题进行建模。根据集装箱装船顺序及落箱位选择优化问题具有多阶段动态特征，本书开发了两阶段混合优化算法，将启发式算法嵌入动态规划算法中，避免状态数随着问题规模的扩大而"组合爆炸"式地增长带来的求解困境。本书通过仿真算例，借助与实际调度规则及现有研究方法所得到的调度方案的对比，验证了模型及优化算法的有效性与实用性。

第一节　集装箱箱位表示

为求解"确定并优化出口集装箱的装船顺序"问题，首先应明确集装箱在集装箱堆场及船上的堆存位置，即集装箱在堆场箱位及船上箱位的表示方法；其次，将集装箱装船的问题进行抽象处理，进而求解装船顺序。

1. 集装箱堆场箱位表示

前文已介绍了集装箱堆场的三维立体结构，明确了集装箱在堆场内的箱位表示。本章仅以单个贝为研究对象，通过栈数及层数构成的二维空间表示堆场箱位。

2. 集装箱船上箱位表示

集装箱在船上装载后，为使其有一个统一的定位方法，ISO9 711-1：1990 标准规定对集装箱船上的每个集装箱进行三维定位，即按贝、列和层的序列依次定位，具体表述如下。

贝：按从船首至船尾的顺序依次用数字 01，02，03，…标明。通常 20 尺集装箱所在的位置用奇数表示，40 尺集装箱所在的位置用偶数表示。

列：从驾驶台的位置向下俯视，以船舶中剖线为基准，向右舷用奇数、向左舷用偶数按顺序依次排列。

层：在甲板上，自下而上依次用数字 82，84，86，…或 D1，D2，D3，…标明。在船舱内，自下而上依次用数字 02，04，06，…或 H1，H2，H3，…标明。如果总列数为奇数，则中间列用数字 00 表示。

根据以上三维定位的表示方法，箱位号（slot number）共由 6 个阿拉伯数字组成，分别是 2 个贝号，2 个列号，2 个层号。例如，记为 030684 的箱位号表示该集装箱在船上的实际位置是位于第二贝，左舷第三列，甲板上第二层，且是 20尺的集装箱类型。

第二节　问题描述与假设条件

配载是集装箱码头管理不可或缺的环节。集装箱船舶在不同的港口装卸集装箱时，应在遵循配载的基本原则并保证船舶稳性、强度的前提下，进一步确定集装箱在船舶上的具体位置，生成集装箱的装卸顺序，以达到最小化中途港倒箱作业、增强码头机械设备运作的快捷性与便利性、提高集装箱船舶运输效率的目的。配载问题本质上是带有复杂约束的多目标组合优化问题，可以简化为定序、定位问题，本章所关注的集装箱装船顺序问题即配载中的定序问题。

本章针对出口集装箱装船的作业过程，在集装箱堆场堆存情况和集装箱船舶配载情况已知的前提下，确定合理的集装箱装船顺序，以达到有效避免或减少倒箱作业，提高堆场作业效率，实现高效装船作业的目的。

本章所要研究的集装箱装船顺序优化问题可以表述如下：已知集装箱堆场中某贝集装箱的堆存状态（即箱区图）和在集装箱船上该贝集装箱所对应某列的配载状态（即配载图）的情况下，如图 6.1（a）、图 6.1（b）所示，以最小化完成整个装船作业所需倒箱量为目标，为堆场中该贝的所有集装箱赋予一个合理的装船顺序。该贝中集装箱的装船作业顺序，结合图 6.1（a）箱区图，可以用图 6.2 表示。

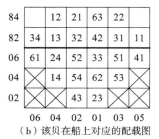

（a）集装箱堆场某贝的箱区图　　　　（b）该贝在船上对应的配载图

图 6.1　堆场某贝的箱区图及相应的配载图

2	3	15		7	
4	6	16	1	8	18
5	21	19	17	9	13
12	22	20	11	10	14

图 6.2　装船顺序的表示

图 6.1（a）表示集装箱堆场某贝的箱区图，即初始堆存状态。图 6.1（a）方

格中的数字代表集装箱的编号，如"43"表示堆存在第四栈第三层的集装箱；若方格中没有数字，则代表该处无集装箱堆存。

图 6.1（b）表示图 6.1（a）中的集装箱在船上对应的配载图。图 6.1（b）中第一列中的"02"、"04"和"06"表示甲板下（即船舱内）第一层至第三层，"82"和"84"表示甲板上第一层、第二层；第一行中的"02"、"04"和"06"表示左舷第一列至第三列，"01"、"03"和"05"表示右舷第一列至第三列。每个方格代表一个箱位，如"43"号箱最终配载至船舱内第一层、左舷第一列；若方格中没有数字，则代表该处不载集装箱；若方格中为"×"，则代表该位置在装船时不予考虑。

图 6.2 为该贝集装箱的装船顺序，方格中的数字表示图 6.1（a）中该位置的集装箱的装船顺序。例如，"1"表示装船作业开始后，首先被装载至船上的为"43"号集装箱。

根据集装箱堆场实际作业情况，本章做出如下假设。

（1）本章涉及的所有贝，其中堆存的出口集装箱均已被海关检验并已放关，即不存在未放关因素导致无法装船造成的额外倒箱作业。

（2）只有同一船舶相同类型与尺寸的集装箱才可堆存在同一贝。

（3）在装船作业开始前，堆场机械操作人员已获得堆场中出口集装箱箱区集装箱的堆存信息（即箱区图）与相应的配载信息（即配载图）；

（4）只有当待提取的集装箱不在栈的顶层时，才会出现倒箱作业。

（5）在装船作业开始后，不会有其他新的集装箱进入堆存区域。

（6）出于作业便利和安全等方面的考虑，倒箱作业仅在同一个贝进行。

（7）贝内有足够的空间进行倒箱作业。

第三节　装船顺序优化建模

每装船一个集装箱，集装箱堆场堆存状态和集装箱船上的配载状态均会发生变化，故装船顺序问题可转化为一个动态问题。本章依据该问题的动态特征，构建数学模型。

模型中涉及符号由三部分构成。第一部分，初始化参数，其中包括集装箱堆场的额定高度、栈数、堆场箱区矩阵及船舶配载矩阵；第二部分，即该模型解决问题的第一个阶段——遍历法，旨在实现无须倒箱操作便可直接装船的集装箱装船，涉及符号包括遍历法的阶段数、装船过程中变化的堆场箱区矩阵及船舶配载矩阵；第三部分，即该模型解决问题的第二个阶段——混合动态规划算法，以遍历法结束时的堆存状态与配载状态作为动态规划的初始状态，由第一次倒箱操作开始，直至所有箱子装船结束，涉及符号包括动态规划的阶段数、每个阶段的状态总数、该方法下变化的堆场矩阵及船舶配载矩阵。

一、符号说明

1. 第一部分：*初始化参数部分*

I：堆场某贝的额定栈数。

J：堆场某贝的额定高度。

I'：船上某列的列数。

J'：船上某列的层数。

N：任务开始时待装船集装箱总数。

C_{ij}：船舶配载图中第 i 列第 j 层配载的集装箱编号，若该位置不装箱，则记为 0，$i \in \{1, 2, \cdots, I'\}$，$j \in \{1, 2, \cdots, J'\}$。

D_{ij}：堆场箱区图中第 i 栈第 j 层堆存的集装箱编号，若该位置无箱，则记为 0，$i \in \{1, 2, \cdots, I\}$，$j \in \{1, 2, \cdots, J\}$。

C：C_{ij} 的集合，$C = \{C_{11}, C_{12}, \cdots, C_{I'J'}\}$。

D：D_{ij} 的集合，$D = \{D_{11}, D_{12}, \cdots, D_{IJ}\}$。

2. 第二部分：*遍历法涉及符号*

l：采用遍历法（即混合动态规划算法的第一个阶段）时的阶段数，视每直接装船一个集装箱为一个阶段，$l \in \{1, 2, \cdots, N\}$。

D_{lij}：第 $l-1$ 个集装箱装船后堆场中第 i 栈第 j 层堆存的集装箱编号，若该位置无集装箱（或已装上船），则记为 0，$l \in \{1, 2, \cdots, N\}$，$i \in \{1, 2, \cdots, I\}$，$j \in \{1, 2, \cdots, J\}$。

C_{lij}：第 $l-1$ 个集装箱装船后船上第 i 列第 j 层配载的集装箱的装船顺序，其中，

$$C_{lij} = \begin{cases} 0, & \text{船上第}i\text{列第}j\text{层还未装箱} \\ n, & n \in \{1, 2, \cdots, \ l-1\}, \text{第}n\text{次装箱时将集装箱装在船上第}i\text{列第}j\text{层,} \\ -1, & \text{船上第}i\text{列第}j\text{层不装箱} \end{cases}$$

$l \in \{1, 2, \cdots, N\}$，$i \in \{1, 2, \cdots, I'\}$，$j \in \{1, 2, \cdots, J'\}$。

3. 第三部分：*混合动态规划算法涉及符号*

k：采用混合动态规划算法（即混合动态规划算法的第二个阶段）时的阶段

数，视每装船一个集装箱为一个阶段，$k \in \{1, 2, \cdots, N-l+2\}$。

p_k：第 k 阶段的状态总数，$k \in \{1, 2, \cdots, N-l+2\}$。

q_{ks}：第 k 阶段的第 s 种状态，$s \in \{1, 2, \cdots, p_k\}$，$k \in \{1, 2, \cdots, N-l+2\}$。

D_{ksij}：在 q_{ks} 下堆场中第 i 栈第 j 层堆存的集装箱编号，$k \in \{1, 2, \cdots, N-l+2\}$，$s \in \{1, 2, \cdots, p_k\}$，$i \in \{1, 2, \cdots, I\}$，$j \in \{1, 2, \cdots, J\}$。

C_{ksij}：在 q_{ks} 下船上第 i 列第 j 层配载的集装箱的装船顺序，即

$$C_{ksij} = \begin{cases} 0, & \text{船上第}i\text{列第}j\text{层还未装箱} \\ n, & n \in \{1, 2, \cdots, k+l-2\} \text{第}n\text{次装箱时将集装箱装在船上第}i\text{列第}j\text{层}, \\ -1, & \text{船上第}i\text{列第}j\text{层不装箱} \end{cases}$$

$k \in \{1, 2, \cdots, N-l+2\}$，$s \in \{1, 2, \cdots, p_k\}$，$i \in \{1, 2, \cdots, I'\}$，$j \in \{1, 2, \cdots, J'\}$。

m_{ks}：q_{ks} 所对应的第 $k-1$ 阶段至第 k 阶段状态转移导致的倒箱量，$k \in \{1, 2, \cdots, N-l+2\}$，$s \in \{1, 2, \cdots, p_k\}$。

a_{ks}：q_{ks} 所对应的第 $k-1$ 阶段至第 k 阶段的倒箱方案决策变量，

$$a_{ks} = \begin{cases} 0, & \text{不选择该倒箱方案} \\ 1, & \text{选择该倒箱方案} \end{cases}, \quad k \in \{1, 2, \cdots, N-l+2\}, \quad s \in \{1, 2, \cdots, p_k\}。$$

二、目标函数与约束条件

根据上述原理及符号设置，建立集装箱装船顺序优化问题数学模型，如式（6.1）所示，式（6.2）~式（6.7）为约束条件的数学表达式。

目标函数：

$$M = \min \sum_{k=1}^{N-l+2} \sum_{s=1}^{p_k} a_{ks} m_{ks} \tag{6.1}$$

约束条件：

$$C_{lij} \leqslant C_{li(j-1)}$$

$$l \in \{1, 2, \cdots, N\}, \quad i \in \{1, 2, \cdots, I'\}, \quad j \in \{2, 3, \cdots, J'\} \tag{6.2}$$

$$C_{ksij} \leqslant C_{ksi(j-1)}$$

$$k \in \{1, 2, \cdots, N-l+2\}, \quad s \in \{1, 2, \cdots, p_k\}, \quad i \in \{1, 2, \cdots, I'\}, \quad j \in \{2, 3, \cdots, J'\} \tag{6.3}$$

$$\prod_{j=1}^{k} D_{lij} \neq 0$$

$$\text{当 } D_{lik} \neq 0 \text{ 时，} \quad l \in \{1, 2, \cdots, N\}, \quad i \in \{1, 2, \cdots, I\} \tag{6.4}$$

$$\prod_{j=1}^{k} D_{ksij} \neq 0$$

当 $D_{ksik} \neq 0$ 时，$k \in \{1, 2, \cdots, N-l+2\}$，$s \in \{1, 2, \cdots, p_k\}$，$i \in \{1, 2, \cdots, I\}$ （6.5）

$$\sum_{s=1}^{p_k} a_{ks} = 1$$

$$\forall k, \quad k \in \{1, 2, \cdots, N-l+2\} \tag{6.6}$$

$$a_{ks} \in \{0, 1\}$$

$$k \in \{1, 2, \cdots, N-l+2\}, \quad s \in \{1, 2, \cdots, p_k\} \tag{6.7}$$

目标函数式（6.1）最小化堆场龙门吊取箱装船作业过程中的倒箱量，约束条件式（6.2）和式（6.3）保证在装船的每一个阶段中，集装箱在船上都不会悬空，由于第四节中的算法将取箱装船过程划分为两个阶段，故式（6.2）表示在第一个阶段的所有子阶段中，集装箱均满足非悬空限制，式（6.3）表示在第二个阶段的所有子阶段中，集装箱均满足非悬空限制。式（6.4）和式（6.5）确保在龙门吊取箱装船过程的每一个阶段中，集装箱由堆场栈的表层提取，同样地，式（6.4）表示第一个阶段的所有子阶段，式（6.5）表示第二个阶段的所有子阶段，均满足该限制。式（6.6）确保在算法第二个阶段的每个子阶段中，只可选择一个倒箱方案，式（6.7）为倒箱方案决策变量的 0-1 约束。

第四节　混合动态规划算法设计

基于集装箱装船顺序优化问题的动态特征，本章采用动态规划算法与启发式规则相结合的方法对集装箱装船顺序问题进行求解。

一、动态规划算法概述

（一）基本概念与方程

本章运用 Bellman 提出的动态规划算法作为解决问题的关键方法，因此下文首先对动态规划的相关概念和应用基础做简要介绍。

动态规划算法作为现代企业管理中非常重要的决策方法，在企业管理方面的应用主要有以下几个方面：合理分配资源，进行生产调度，优化库存、优化装载及路径选择问题，解决生产排序机生产过程的最优控制问题，为设备更新提供理论基础，等等。

如前文所述，精确的分析方法，一旦遇到具体的优化问题就会产生很大的困难，而诸如动态规划的方法可以解决具体的优化问题，以适应新问题的需要。因为动态规划算法没有标准的数学表达式和较为明确的定义，所以运用动态规划算法时必须针对特定问题进行特定分析。

前文提到，动态规划算法是解决多阶段决策过程最优化问题的一种有效方法，它将比较复杂的问题划分为若干阶段，然后通过逐段求解，就可以求得原问题的全局最优解，它充分体现了"分而治之"的思想[140]。对于一些比较难于处理的优化问题，它常常能够显示出优越性，特别是对于某些离散最优化问题，情况更是如此。

所谓多阶段决策过程，是指这样一类决策过程：将整个决策过程（一般是按时间或空间）划分为若干互相联系的阶段，在每个阶段都需要做出相应决策，以便使整个过程取得最优的效益[141, 142]。在多阶段决策过程中，每个阶段所采取的决策通常与时间有关，前一阶段采取的决策如何，不但决定该阶段的效益，而且直接影响以后各阶段的效益，可见多阶段决策是一个动态的规划问题，因而被称为动态规划。然而，动态规划也可以用来处理本来与时间无关的静态问题，这只需在静态模型中人为地引进"时间"因素，并按时间分段将静态问题转换为动态模型，然后按动态规划方法处理。

因此，运用动态规划算法进行求解运算时，应明确以下动态规划的几个重要组成部分的概念。

（1）阶段：为方便以一定的次序去求解问题，通常把所给的问题恰当地分为若干个互相联系的阶段[143]。通常按照时间和空间的属性进行阶段的划分，阶段通常用符号 k 表示。

（2）状态：每一个阶段开始时的自然状况称为状态，它是不可控的。第 k 阶段的状态变量通常用符号 s_k 表示。

（3）决策：通过不同的选择，将某一个阶段的某一状态转变为下一个阶段的状态，定义这种选择为决策。描述决策的变量，称之为决策变量。第 k 阶段当状态处于 s_k 时的决策变量通常用符号 $u_k(s_k)$ 表示，第 k 阶段由状态 s_k 出发的允许决策集合通常用符号 $D_k(s_k)$ 表示，很显然，有 $u_k(s_k) \in D_k(s_k)$。

（4）策略：将若干决策按一定的顺序排列得到的集合，定义为策略。由过程的第 k 阶段直到过程的终止状态，称为问题的后部子过程（或称为 k 子过程）。按顺序排列的决策形成的函数序列 $\{u_k(s_k), u_{k+1}(s_{k+1}), \cdots, u_n(s_n)\}$ 称为 k 子过程策略，简称子决策，记为 $p_{k,n}(s_k)$。

（5）状态转移方程（state transition equation）：记录状态间动态变化的方程称为状态转移方程，记作 $s_{k+1} = T_k(s_k, u_k)$，其中，符号 T_k 表示状态转移函数。

（6）指标函数（indicator function）：是指将用来衡量过程优劣的数量指标，定义为指标函数。通常用符号 $V_{k,n}$ 表示。

（7）最优值函数（optimal function）：是指将指标函数的最优值，定义为最优值函数，通常用 $f_k(s_k)$ 表示。$f_k(s_k) = \underset{\{u_k,u_{k+1},\cdots,u_n\}}{\text{opt}} V_{k,n}(s_k,s_{k+1},\cdots,s_{n+1})$，其中，"opt"是 optimization，即"最优"的英文缩写，一般取 min（最小化）或 max（最大化）。

动态规划算法的设计可以分为如下四个步骤。

（1）描述最优解的结构。

（2）递归定义最优解的值。

（3）按自下而上的方式计算最优解的值。

（4）由计算出的结果构造一个最优解。

第（1）~第（3）步构成问题的动态规划解的基础，第（4）步在只要求计算最优解的值时可以省略。如果的确做了第（4）步，则有时要在第（3）步的计算中记录一些附加信息，使构造一个最优解变得容易。

动态规划算法可分为顺序解法和逆序解法，其中顺序递推的基本方程为：$f_k(s_{k+1}) = \text{opt}\{v_k(s_{k+1},u_k) + f_{k-1}(s_k)\}$，$u_k \in D_K^R(s_{k+1})$ $(k=1,2,\cdots,n)$，边界条件为 $f_0(s_1)=0$，其中 $s_k = T_k(s_{k+1},u_k)$，即状态转移是由 s_{k+1},u_k 去确定 s_k 的。

顺序递推的基本方程的求解过程为：根据原问题的边界条件从阶段 $k=1$ 开始，由阶段 $k=1$ 逐步向后顺推，通过这种方法可求得从起点到各个阶段的最优值和对应的最优决策。当最终求得 $f_k(s_{k+1})$ 的值时，便得到了整个问题的最优解及对应的最优决策。

逆序递推的基本方程为：$f_k(s_k) = \text{opt}\{u_k(s_k,u_k) + f_{k+1}(s_{k+1})\}$，$u_k \in D_k(s_k)$ $(k=n,n-1,\cdots,2,1)$，边界条件为 $f_{k+1}(s_{k+1})=0$，其中 $s_{k+1} = T_k(s_k,u_k)$。

逆序递推的基本方程的求解过程为：根据原问题的边界条件从阶段 $k=n$ 开始，由阶段 $k=n$ 逐步向前逆推，通过这种方法可求得从终点到各个阶段的最优值和对应的最优决策。当最终求出 $f_1(s_1)$ 的值时，也就是求得了整个问题的最优解及整个问题对应的最优决策。

通常地，动态规划算法应用在最优化问题中，最优化问题可能存在很多种可行解，每一个解分别有一个值，而我们需要找出一个具有最优（最大或最小）值的解，我们称这样的解为该问题的"一个"最优解（而不是"确定的"最优解），因为可能存在多个取最优解的值。动态规划算法即要做出一组选择以达到一个最优解[144]。在做出选择的同时，通常出现相同形式的子问题。动态规划算法是通过组合子问题的解而解决整个问题的。当某一特定的子问题可能出自多于一种选择的集合时，动态规划算法是很有效的；关键技术是存储这些子问题的每一个解，以备它重复出现。

运用动态规划算法求解原问题最优解的同时，还可以获得许多相关的有用信息。但是动态规划算法的缺点在于：没有统一的标准模型可供采用，不同的实际问题，其动态规划模型也常常不同[145]；存在"维数"障碍，即问题中状态变量的个数 n（维数）不能太多，一般认为 $n \leqslant 4$，否则因受计算机存储容量和计算速度的限制，会带来难以克服的困难。

（二）最优性原理和最优性定理

任何方法都是只能在特定的条件下才可发挥其作用，同样，欲运用动态规划算法求解的问题也必须满足特定的条件。适用动态规划的问题必须满足最优性原理和无后效性。

动态规划算法的最优性原理可以表述为：作为全过程的最优策略，必须具有以下所述的性质，即无论过去的状态和决策怎样，对于前面的决策所形成的状态来说，余下的各个决策必须构成最优策略。简言之，最优策略的子策略也总是最优的。

动态规划算法的最优性定理可以表述为，在某一多阶段决策过程中，将阶段数设为 n，其阶段编号设为 $k = 0, 1, \cdots, n-1$，允许策略 $p_{0,n-1}^{*} = (u_0^{*}, u_1^{*}, \cdots, u_{n-1}^{*})$ 为最优策略的充要条件是：对任意一个 k，$0 < k < n-1$，$s_0 \in S_0$，有 $V_{0,n-1}(s_0, p_{0,n-1}^{*}) = \underset{p_{0,k-1} \in p_{0,k-1}(s_0)}{\mathrm{opt}} \{V_{0,k-1}(s_0, p_{0,k-1}) + \underset{p_{k,n-1} \in p_{k,n-1}(\widetilde{s_k})}{\mathrm{opt}} V_{k,n-1}(\widetilde{s_k}, p_{k,n-1})\}$。其中，$p_{0,n-1} = (p_{0,k-1}, p_{k,n-1})$，$\widetilde{s_k} = T_{k-1}(s_{k-1}, u_{k-1})$。该式表示的是由给定的初始状态 s_0 和子策略 $p_{0,k-1}$ 所确定的第 k 阶段的状态。按 V 是否为效益函数，opt 取 max（V 为效益函数）或 min（V 为损失函数）。

无后效性是能够运用动态规划算法准确求解的问题必须要满足的另一个先决条件。无后效性这一条件可以表述为：当前阶段的解只能由前面的阶段得到，不能与后面的阶段（即当前还未计算出的状态）有关。

有时会人为地改变阶段的顺序以满足无后效性。然而，对于某些无论如何改变阶段的顺序，都无法满足无后效性要求的问题，均被视为无法运用动态规划算法求解的问题。此外，对于表面似具有无后效性特征，当按照一定的方式重新划分阶段却不满足无后效性特征的问题比比皆是，因此，阶段的划分对于判断有无无后效性以至于是否可利用动态规划解决问题都是十分关键的环节。

（三）应用基础

1. 最优子结构

用动态规划算法求解最优化问题时，首先应描述最优化问题的最优解的结构。如果最优化问题的一个最优解中包含了该问题的子问题的最优解，则该最优化问题具有最优子结构。当一个最优化问题具有最优子结构时，动态规划算法可能会适用。在动态规划算法中，我们利用子问题的最优解来构造问题的一个最优解。

在寻找最优子结构时，可以遵循一种共同的模式。

（1）问题的一个解可以视做一个选择，做这种选择会得到一个或多个有待解决的子问题。

（2）假设对一个给定的问题，已知的是一个可以导致最优解的选择。不必关心如何确定这个选择，尽管假定它是已知的。

（3）在已知这个选择后，要确定哪些子问题会随之发生，以及如何最好地描述所得到的子问题空间。

（4）利用一种"剪贴"技术，来证明在问题的一个最优解中，使用的子问题的解本身也必须是最优的。假设每一个子问题的解都不是最优解，然后导出矛盾，即可做到这一点。特别地，通过"剪除"非最优的子问题解再"贴上"最优解，就证明了可以得到原问题的一个更好的解，因此，这与假设已经得到一个最优解相矛盾。如果有多余的一个子问题的话，因为它们通常非常类似，所以只要对其中一个子问题的"剪贴"处理略加修改，即可很容易地用于其他子问题。

为了描述子问题空间，可以遵循这样一条有效的经验规则，就是尽量保持这个空间简单，然后在需要时再扩充它。

最优子结构在问题域中以两种方式变化：①有多少个子问题被使用在原问题的一个最优解中；②在决定一个最优解中使用那些子问题时有多少个选择。

非正式地，一个动态规划算法的运行时间依赖两个因素的乘积：子问题的总个数和每一个子问题中有多少种选择。

动态规划算法以自下而上的方式来利用最优子结构。也就是说，找到子问题的最优解，解决子问题，然后找到问题的一个最优解。寻找问题的一个最优解需要在子问题中做出选择，即选择将用哪一个来求解问题。问题解的代价通常是子问题的代价加上选择本身带来的成本。

2. 重叠子问题

适用于动态规划算法求解的最优化问题必须具有的第二个要素是子问题的空间要"很小"，也就是用来解原问题的递归算法可反复地解同样的子问题。典型地，不同的子问题数是输入规模的一个多项式。当一个递归算法不断地调用同一问题时，我们说该最优问题包含重叠子问题。动态规划算法总是充分利用最优问题的重叠子问题，即每个子问题只求解一次，并把求解结果保存在一个需要时就可以查看的表中，而每次查表的时间为一个常数。

需要指出的是，动态规划算法要求其子问题既要独立，又要重叠，这看上去似乎有些奇怪。虽然这两点要求听起来可能是矛盾的，但它们描述的是两种不同的概念，而不是同一个问题的两个方面。如果同一个问题的两个子问题不共享资源，则它们就是独立的。对两个子问题来说，如果它们确实是相同的子问题，只是作为不同问题的子问题出现的话，则它们是重叠的。

在实际应用中，我们通常把每一个子问题中所做的选择保存在一个表格中，这样在需要时，就不必根据已经储存下来的代价信息来重构这方面的信息了。

3. 递归规则

动态规划算法有一种变形，它既具有通常的动态规划算法的效率，又采用了一种自上而下的策略。其思想就是备忘原问题的自然但低效的递归算法。像在通常的动态规划算法中一样，维护一个记录了子问题的解的表，但有关填表动作的控制结构更像递归算法。

加了备忘的递归算法为每一个子问题的解在表中记录一个表项。开始时，每个表项最初都包含一个特殊的值，以表示该表项有待填入。当递归算法在执行中第一次遇到一个子问题时，就计算它的解并填入表中。以后每次遇到该子问题时，只要查看并返回表中先前填入的值即可。需要指出的是，这种方法预先假设已经知道了所有可能的子问题参数，而且已经建立了表格位置和子问题之间的关系。另外一种方法是把子问题的参数当做散列的关键字来记忆。

在实际应用中，如果所有的子问题都至少要被计算一次，则一个自下而上的动态规划算法要比一个自上而下的做备忘录算法要好出一个常数因子，因为前者无须递归的代价，而且维护表格的成本较小。此外，在有些问题中，还可以用动态规划算法中的表存取模式来进一步减少时间或空间上的需求。或者，如果子问题空间中的某些子问题根本没有必要求解，则做备忘录方法有着只解那些肯定要求解的子问题的优点。

二、算法设计基本思路

混合动态规划算法包括两个阶段。

（1）第一个阶段，运用基于启发式算法的遍历法，提取无须倒箱操作便可配载的集装箱，具体步骤如下。

步骤 1：记录阶段数 l 为 1，堆场栈 i 为 1，即 $l \leftarrow 1, i \leftarrow 1$。

步骤 2：将 D_l（D_{lij} 的集合）第 i 栈最上层非 0 元素与 C_l（C_{lij} 的集合）最下层 "0" 对应的 C（C_{ij} 的集合）中元素由左至右进行对照，转至步骤 3。

步骤 3：若元素相同，则提取对应的集装箱，$l \leftarrow l+1$，相应的 C_l 和 D_l 均更新状态，转至步骤 2；否则，转至步骤 4。

步骤 4：若元素不同，则 $i \leftarrow i+1$，转至步骤 5。

步骤 5：若 $i \in \{1, 2, \cdots, I\}$，则转至步骤 2；否则，转至步骤 6。

步骤 6：若 $l = N$，则算法结束，倒箱量为 0；否则，转至第二个阶段。

（2）第二个阶段，将启发式规则嵌入动态规划算法中，确定剩余集装箱的提取顺序。该阶段算法描述如下。

B：当前状态下堆场中集装箱的集合。

LB：当前状态下堆场中集装箱的编号列表。

LP：堆场中栈的编号列表。

$\text{TOP}(B): \to \text{LB}$：得到 B 中所有可以直接装船的集装箱的编号列表。

$\text{LC}: \to \text{LB}$：LB 的子集。

$\text{Ship}(B, \text{LC}): \to B$：将 LC 中编号对应的所有集装箱装船。

$\text{DEST}(m): \to \text{LP}$：得到第 m 号集装箱的落箱栈。

$\text{destno}(m) \to \text{LP}$：对第 m 号集装箱进行倒箱操作时，倒箱代价最小的落箱栈的编号。

$\text{Move}(B, m, n) \to B$：通过倒箱操作，将第 m 号集装箱移至栈 n。

$C(B) \to N$：B 中所有集装箱装船所需的最少移动次数。

其中，$\text{TOP}(B): \to \text{LB}$ 表示 $\text{TOP}(B)$ 与 LB 的映射关系，即 $\text{TOP}(B)$ 函数的值域是 LB 的子集，其他同理。

操作 $\text{Ship}\big[B, \text{TOP}(B)\big]$ 执行后，得到新的堆存状态，记作 B'，显然，$|B'| < |B|$；$\text{Move}(B, m, n)$ 的目的是使 $\text{TOP}(B) = \varnothing$ 转化为 $\text{TOP}(B) \neq \varnothing$。由此易得，操作 $\text{Ship}\big[B, \text{TOP}(B)\big]$ 与 $\text{Move}(B, m, n)$ 均改变 B 的状态，从而该阶段混合动态规划算法中 B 是动态变化的，动态方程可表示如下：

$$C(B) = \begin{cases} 0, & \text{当} B = \varnothing \\ C\big(\text{Ship}\big[B, \text{TOP}(B)\big]\big), & \text{当} \text{TOP}(B) \neq \varnothing \\ \min\big(1 + C\{\text{Move}\big[B, m_1, \text{destno}(m_1)\big]\}, 1 + C\{\text{Move}\big[B, m_2, \text{destno}(m_2)\big]\}\big), \\ \qquad \text{当} \text{TOP}(B) = \varnothing，\text{其中} m_1, m_2 \text{为待倒的两个集装箱} \end{cases}$$

（6.8）

以图 6.1 为例，某阶段状态转移如图 6.3 所示。

该阶段视每装船一个集装箱为一个阶段，若需要倒箱，倒箱栈与落箱栈选择的多样性，会产生若干个新状态，每个新状态依次进行，则在接下来的阶段中将产生数量呈几何增长的新状态，从而导致整个运算过程状态数的爆炸性增长，即前文提到的"维数障碍"问题。鉴于上述集装箱装船优化问题的复杂性，为简化运算，方便计算机存储，本节对混合动态规划算法中的倒箱栈与落箱栈的选取问题作如下处理。

（1）选当前待装船集装箱所在栈中阻塞箱最少的前两个栈为倒箱栈。

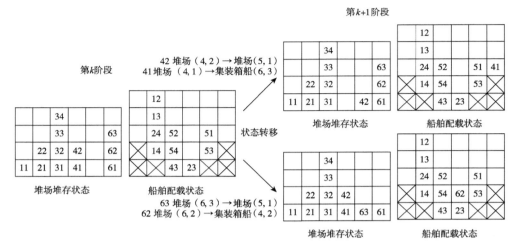

图6.3 动态规划状态转移图

由图6.1、图6.3易知，第 k 阶段可装船的集装箱集合为{61,32,62,31,41}，对应的倒箱栈集合为{6,3,6,3,4}，阻塞箱的数量集合为{2,2,1,3,1}，故第 $k+1$ 阶段选取栈6与栈4为倒箱栈，即将62号与41号集装箱装船。

（2）选倒箱代价最小的栈为落箱栈。

选择不同的落箱栈将导致不同的倒箱操作成本，本书中以倒箱代价表示，定义如下：集装箱倒箱代价=1×落箱栈的编号+10×|落箱栈编号−倒箱栈编号|+100×落箱栈层数。其中，箱区图由左至右栈的编号依次为1,2,…,I，1、10、100分别为落箱栈与集卡通道距离、栈间水平移动距离、层高差之间垂直移动距离的倒箱代价权重值。

如图6.3所示，在 $k+1$ 阶段63号集装箱移至栈5的倒箱代价为15，相比移至其他栈该代价最低，故将栈5作为63号集装箱在该状态下的落箱栈；同理，可知42号集装箱落箱栈为栈5。

以上处理规则相当于对混合动态规划算法中新状态的产生数量做启发式规则约束，约束效果如图6.4所示。

由图6.4可以清楚地理解本节设定的三种启发式规则。

设定启发式规则一：▢表示由第 k 阶段到第 $k+1$ 阶段，若有集装箱无须倒箱作业可以直接装船，就生成一个新状态。

启发式规则二：▢表示由第 k 阶段到第 $k+1$ 阶段，若需要倒箱作业，则在采用遍历法时选出一个倒箱量最少的和一个倒箱量次少的即可。

启发式规则三：▢表示在第 $k+2$ 阶段由第 $k+1$ 阶段产生的新状态中，若有相同的状态，则只保留一个。

综上所述，本章设计的动态规划算法与启发式规则相结合的两阶段混合优化算法流程如图 6.5 所示。

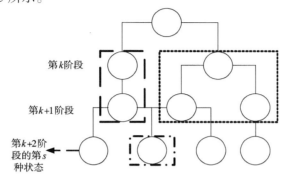

图 6.4　混合动态规划算法示意图

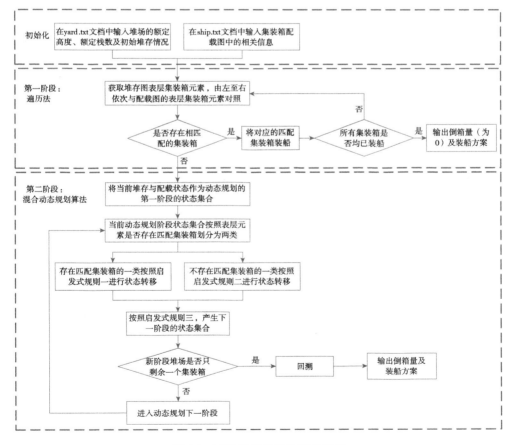

图 6.5　两阶段混合优化算法流程

第五节 算例分析与实证研究

一、算法实现说明

本章运用 Visual C++ 6.0 编程，以 Microsoft Visual Studio 2008 进行编译，在 PC（英特尔酷睿 I5 CPU，4.0 GB 内存，2.50 GHz）上运行。所有数值实验中，在集装箱堆场贝的栈数、高度既定的情况下，随机生成集装箱在堆场中的堆存状态，即箱区图；在配载图的层数、列数及集装箱总数约束的前提下，随机生成配载图的相关矩阵，并存储在文档中。

运行主要界面显示如图 6.6~图 6.8 所示。

首先，在 dos 界面中读入随机生成的 ship.txt 与 yard.txt 文档的相关信息，如图 6.6 所示。

图 6.6 读入信息界面

其次，执行运算过程，输出最小倒箱量及最小倒箱方案数，如图 6.7 所示。

图 6.7 输出结果界面

最后，将最优倒箱方案及其操作过程存储在 log.txt 与 soltuion.txt 文档中，如

图 6.8 所示。

图 6.8 保存具体信息的文件

出口集装箱堆场普遍采用轮胎式龙门吊与轨道式龙门吊进行取箱作业。两者的性能如表 6.1 所示。

表 6.1 龙门吊的性能

机械名称	跨距/栈	堆垛高度/层	作业能力/（箱/贝）
轮胎式龙门吊	6	3~4	24
轨道式龙门吊	10	6	60

本章针对单一贝配置不同种类的机械（轮胎式龙门吊/轨道式龙门吊）导致处理箱量差异的情况分别进行实验，并将结果与以下两种情况做对比分析。

（1）实际调度规则——选目标箱所在栈中阻塞箱最少的栈为倒箱栈，随机选取落箱栈。

（2）改进启发式规则——现有研究[138]。

二、轮胎式龙门吊取箱装船作业实验

以大连港为例，出口集装箱堆场一个贝内，最高为 6 层（一般为了方便倒箱作业，只堆 4 层），栈数最多为 6 栈。以某一贝 17 个集装箱为例进行模拟实验。

集装箱堆场某贝的箱区图及该贝在船上对应的配载图如图 6.9 所示。

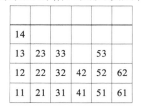

（a）集装箱堆场某贝的箱区图

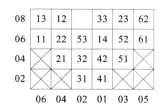

（b）该贝在船上对应的配载图

图 6.9 堆场初始堆存状态及相应的配载状态

运用实际调度规则，可得装船顺序如图 6.10（a）所示，耗时 0.01 秒，最小倒箱量为 6 次。运用改进启发式规则，求得的装船顺序如图 6.10（b）所示，耗时 0.02 秒，倒箱量为 6 次。

	3				
17	12	4		9	
15	14	8	2	11	6
16	13	7	1	10	5

	3				
17	10	4		7	
15	14	6	2	9	12
16	13	5	1	8	11

（a）基于实际调度规则的装船顺序　（b）基于改进启发式规则的装船顺序

图 6.10　两种不同规则下求得的装船顺序

运用本章设计的两阶段混合优化算法，求解耗时 0.05 秒（比上述两种方法稍长），求得最小倒箱量为 6 次，在满足最小倒箱量的前提下可获得 15 种不同的倒箱方案，其中包含了图 6.10（a）、6.10（b）的结果，并可得出该结果相对应的具体的倒箱步骤。

本书在此仅以该算例求解中包含的改进启发式规则的结果为例进行说明，如表 6.2 所示。

表 6.2　两阶段混合优化算法求得的具体装船步骤

操作序号	操作箱号	堆存状态变化（堆场→集装箱船）	配载状态变化（堆场→集装箱船）	状态变化说明	倒箱标识
1	42	$(4,2) \rightarrow (6,3)$		42 号箱由堆场第 4 栈第 2 层移至堆场第 6 栈第 3 层	√
2	41		$(4,1) \rightarrow (4,1)$	41 号箱由堆场第 4 栈第 1 层移至船第 4 列第 1 层	
3	42		$(6,3) \rightarrow (4,2)$	42 号箱由堆场第 6 栈第 3 层移至船第 4 列第 2 层	
4	14		$(1,4) \rightarrow (4,3)$	14 号箱由堆场第 1 栈第 4 层移至船第 4 列第 3 层	
5	33		$(3,3) \rightarrow (4,4)$	33 号箱由堆场第 3 栈第 3 层移至船第 4 列第 4 层	
6	32	$(3,2) \rightarrow (4,1)$		32 号箱由堆场第 3 栈第 2 层移至堆场第 4 栈第 1 层	√
7	31		$(3,1) \rightarrow (3,1)$	31 号箱由堆场第 3 栈第 1 层移至船第 3 列第 1 层	
8	32		$(4,1) \rightarrow (3,2)$	32 号箱由堆场第 4 栈第 1 层移至船第 3 列第 2 层	
9	53		$(5,3) \rightarrow (3,3)$	53 号箱由堆场第 5 栈第 3 层移至船第 3 列第 3 层	
10	52	$(5,2) \rightarrow (4,1)$		52 号箱由堆场第 5 栈第 2 层移至堆场第 4 栈第 1 层	√
11	51		$(5,1) \rightarrow (5,1)$	51 号箱由堆场第 5 栈第 1 层移至船第 5 列第 1 层	

续表

操作序号	操作箱号	堆存状态变化（堆场→集装箱船）	配载状态变化（堆场→集装箱船）	状态变化说明	倒箱标识
12	52		（4,1）→（5,2）	52 号箱由堆场第 4 栈第 1 层移至船第 5 列第 2 层	
13	23		（2,3）→（5,3）	23 号箱由堆场第 2 栈第 3 层移至船第 5 列第 3 层	
14	62	（6,2）→（5,1）		62 号箱由堆场第 6 栈第 2 层移至堆场第 5 栈第 1 层	√
15	61		（6,1）→（6,1）	61 号箱由堆场第 6 栈第 1 层移至船第 6 列第 1 层	
16	62		（5,1）→（6,2）	62 号箱由堆场第 5 栈第 1 层移至船第 6 列第 2 层	
17	22	（2,2）→（3,1）		22 号箱由堆场第 2 栈第 2 层移至堆场第 3 栈第 1 层	√
18	21		（2,1）→（2,1）	21 号箱由堆场第 2 栈第 1 层移至船第 2 列第 1 层	
19	22		（3,1）→（2,2）	22 号箱由堆场第 3 栈第 1 层移至船第 2 列第 2 层	
20	13	（1,3）→（2,1）		13 号箱由堆场第 1 栈第 3 层移至堆场第 2 栈第 1 层	√
21	12		（1,2）→（2,3）	12 号箱由堆场第 1 栈第 2 层移至船第 2 列第 3 层	
22	11		（1,1）→（1,1）	11 号箱由堆场第 1 栈第 1 层移至船第 1 列第 1 层	
23	13		（2,1）→（1,2）	13 号箱由堆场第 2 栈第 1 层移至船第 1 列第 2 层	
倒箱量合计			6		

表 6.2 中列出了顺序操作中每次操作的集装箱的编号，以及每经由一次作业导致的堆存状态与配载状态的变化，并可以清晰地反映出集装箱箱号与堆场的栈、层及船舶的列、层之前的对应关系。最右列则标明每一次操作是否为倒箱作业，若是，则用"√"表示。

由表 6.2 可知，在该次的求解结果中，共包含 23 次集装箱取箱作业，其中包括 6 次倒箱作业，导致倒箱作业的集装箱的编号为 42、32、52、62、22 及 13。在此基础上，集装箱码头现场操作人员可以根据实际情况择优选择取箱装船作业相对容易的调度方案。

为了全面地考察本章提出的两阶段混合优化算法的有效性，对 $N=20$ 的轮胎式龙门吊取箱作业调度问题进行 20 次随机实验，结果如表 6.3 所示。

表 6.3　轮胎式龙门吊 20 次随机实验的结果对比

实验编号	倒箱量/次			倒箱优化率		倒箱方案/个			算法耗时/秒		
	A	B	C	（A–C）/A	（B–C）/B	A	B	C	A	B	C
1	8	6	4	50%	33%	1	1	4	0.04	0.05	0.05
2	5	5	3	40%	40%	1	1	1	0.03	0.03	0.04
3	3	1	1	67%	0	1	1	1	0.01	0.03	0.04
4	3	3	2	33%	33%	1	1	2	0.01	0.03	0.05
5	6	3	3	50%	0	1	1	1	0.02	0.02	0.04
6	3	3	3	0	0	1	1	1	0.01	0.03	0.05
7	8	6	5	38%	17%	1	1	1	0.01	0.03	0.05
8	2	2	2	0	0	1	1	2	0.02	0.04	0.04
9	7	7	5	29%	29%	1	1	1	0.03	0.04	0.10
10	2	0	0	100%	—	1	1	1	0.01	0.03	0.04
11	6	4	4	33%	0	1	1	6	0.02	0.03	0.08
12	3	3	2	33%	33%	1	1	1	0.01	0.04	0.04
13	8	7	5	38%	29%	1	1	10	0.03	0.04	0.10
14	2	1	1	50%	0	1	1	2	0.02	0.04	0.04
15	5	3	3	40%	0	1	1	2	0.02	0.04	0.04
16	9	6	1	89%	83%	1	1	1	0.02	0.04	0.04
17	3	3	2	33%	33%	1	1	1	0.02	0.04	0.05
18	4	4	2	50%	50%	1	1	1	0.01	0.04	0.04
19	4	1	1	75%	0	1	1	1	0.02	0.04	0.04
20	8	4	4	50%	0	1	1	2	0.02	0.04	0.04

　　表 6.3 汇总了三种算法——实际调度规则（A）、改进启发式算法（B）及本章两阶段混合优化算法（C）——求解各数值例而得到的倒箱量、倒箱优化率、倒箱方案的数量及算法耗时。

　　由表 6.3 可以看出，运用实际调度规则可得总倒箱量为 99 次，改进启发式算法所得倒箱量为 72 次，本章提出的两阶段混合优化算法的倒箱量合计为 53 次，相比前两种算法，本章的算法倒箱量分别降低了 46.5%、26.4%，且可得到多种倒箱方案（合计 44 个）作为备选方案。

　　在算法耗时方面，如表 6.3 所示，由于实际调度规则与改进启发式算法的规则相对简单，搜索空间较小，总计耗时分别为 0.38 秒、0.66 秒，平均耗时分别为 0.019 秒、0.033 秒，而本章提出的两阶段混合优化算法的耗时总计 1.01 秒，平均耗时为 0.051 秒，仍旧在可以接受的范围内。

三、轨道式龙门吊取箱装船作业实验

同理，取 $N=50$，对轨道式龙门吊取箱装船作业调度问题进行 50 次随机实验，所得的对比结果如表 6.4 所示。

表 6.4 轨道式龙门吊 50 次随机实验的结果对比

实验编号	倒箱量/次			倒箱优化率		倒箱方案/个			算法耗时/秒		
	A	B	C	（A-C)/A	（B-C)/B	A	B	C	A	B	C
1	21	19	13	38%	32%	1	1	3	0.05	0.10	0.12
2	18	19	14	22%	26%	1	1	4	0.04	0.07	0.10
3	25	20	11	56%	45%	1	1	49	0.04	0.09	0.24
4	19	17	15	21%	12%	1	1	229	0.03	0.09	0.80
5	24	20	16	33%	20%	1	1	1	0.05	0.09	0.14
6	30	26	21	30%	19%	1	1	34	0.06	0.12	0.20
7	20	21	17	15%	19%	1	1	3	0.04	0.07	0.10
8	20	17	13	35%	24%	1	1	6	0.05	0.08	0.10
9	16	13	13	19%	0	1	1	3	0.04	0.05	0.08
10	17	18	15	12%	17%	1	1	4	0.04	0.08	0.10
11	23	25	18	22%	28%	1	1	7	0.05	0.13	0.10
12	16	13	15	6%	−15%	1	1	49	0.03	0.05	0.44
13	22	25	14	36%	44%	1	1	2	0.05	0.14	0.10
14	23	17	10	57%	41%	1	1	3	0.06	0.05	0.14
15	20	24	12	40%	50%	1	1	5	0.03	0.10	0.10
16	30	28	15	50%	46%	1	1	6	0.07	0.14	0.10
17	20	16	14	30%	13%	1	1	28	0.04	0.05	0.27
18	16	13	16	0	−23%	1	1	10	0.04	0.05	0.14
19	34	27	19	44%	30%	1	1	2	0.09	0.12	0.30
20	21	19	17	19%	11%	1	1	4	0.04	0.08	0.10
21	23	24	15	35%	38%	1	1	2	0.05	0.10	0.10
22	15	14	13	13%	7%	1	1	64	0.02	0.08	0.40
23	17	20	17	0	15%	1	1	3	0.03	0.07	0.08
24	17	17	15	12%	12%	1	1	3	0.02	0.05	0.08
25	25	22	14	44%	36%	1	1	5	0.06	0.09	0.09
26	20	18	13	35%	28%	1	1	1	0.04	0.07	0.10
27	20	20	15	25%	25%	1	1	8	0.04	0.09	0.10
28	17	15	13	24%	13%	1	1	18	0.03	0.06	0.14
29	23	17	12	48%	29%	1	1	1	0.05	0.08	0.12
30	10	11	10	0	9%	1	1	8	0.02	0.05	0.08

实验编号	倒箱量/次			倒箱优化率		倒箱方案/个			算法耗时/秒		
	A	B	C	（A-C)/A	（B-C)/B	A	B	C	A	B	C
31	18	20	16	11%	20%	1	1	19	0.03	0.07	0.16
32	12	14	10	17%	29%	1	1	36	0.02	0.07	0.30
33	20	16	13	35%	19%	1	1	12	0.03	0.07	0.12
34	10	10	9	10%	10%	1	1	22	0.01	0.05	0.30
35	21	18	15	29%	17%	1	1	7	0.03	0.07	0.08
36	16	15	13	19%	13%	1	1	207	0.04	0.07	0.62
37	17	20	15	12%	25%	1	1	31	0.03	0.10	0.50
38	11	9	9	18%	0	1	1	2	0.01	0.07	0.10
39	15	19	13	13%	32%	1	1	1	0.01	0.07	0.07
40	22	19	13	41%	32%	1	1	6	0.03	0.09	0.14
41	20	19	14	30%	26%	1	1	16	0.03	0.07	0.12
42	20	19	16	20%	16%	1	1	4	0.04	0.07	0.08
43	27	23	18	33%	22%	1	1	7	0.07	0.13	0.10
44	19	21	15	21%	29%	1	1	15	0.04	0.08	0.14
45	16	17	13	19%	24%	1	1	28	0.03	0.06	0.50
46	26	21	10	62%	52%	1	1	1	0.04	0.08	0.14
47	16	18	15	6%	17%	1	1	16	0.02	0.05	0.14
48	16	17	12	25%	29%	1	1	6	0.02	0.06	0.10
49	22	19	13	41%	32%	1	1	3	0.05	0.08	0.12
50	27	23	14	48%	39%	1	1	2	0.06	0.15	0.20

显然地，倒箱量随着集装箱堆场贝内集装箱数目的增加而增加，故对于轨道式龙门吊取箱调度问题，求得取箱方案的倒箱量高于轮胎式龙门吊取箱问题的倒箱量，是非常合理的。

由表 6.4 可知，本章的两阶段混合优化算法较实际调度规则与启发式算法所求得的取箱方案，在倒箱量及倒箱方案两方面的优化效果仍旧十分显著。实际调度规则下倒箱量合计为 993 次，启发式算法下倒箱量合计为 932 次，而本章的两阶段混合优化算法倒箱量合计为 701 次，所得倒箱方案合计为 1 006 个，倒箱优化率较前两种方法分别优化了 29.4%、24.8%。

在算法耗时方面，由表 6.4 可知，集装箱数目的增加使算法求解时解的搜索空间扩大，导致算法耗时增加，实际调度规则平均耗时 0.039 秒，启发式算法平均耗时 0.081 秒，本章的两阶段混合优化算法平均耗时 0.182 秒，仍在可接受的范围内。

由以上不同规模的实验结果可以看出，本章所提出的两阶段混合优化算法可在较短的时间内有效求解轮胎式龙门吊与轨道式龙门吊取箱作业调度问题，且能够再现最小倒箱量下所有的取箱调度方案，进而可实现最优的取箱顺序下取箱作业过程的可视化，故具有良好的实用性及可操作性。

第六节　本章小结

本章针对集装箱装船顺序优化问题，结合集装箱堆场操作的实际情况，基于现实约束与倒箱目标，构建了基于倒箱量最少的集装箱装船顺序优化数学模型，开发了基于动态规划的两阶段混合优化算法。将程序运行结果与实际调度规则及现有研究方法下所得的结果做对比分析，以验证所提出的算法较之实际调度规则与现有研究的优越性。

实验结果表明，本章提出的两阶段混合优化算法不仅可以在较短的时间内得到最小倒箱量（数目不多于实际规则及现有研究的结果），还能再现最小倒箱量下所有装船与倒箱作业调度方案，进而能够实施最优的装船顺序及实现装船作业过程的可视化。因此，本章提出的两阶段混合优化算法具有良好的实用性及可操作性。

第七章 出口集装箱预倒箱作业倒箱优化

第六章对出口集装箱的装船顺序进行了优化,但是在该优化环节之后,仍有可能存在装船顺序较早的集装箱被堆垛在底层的情况,导致未来实际取箱作业中产生倒箱作业。因此,在装船顺序既定的情况下,为提高装船效率,集装箱码头在实际装船前通常需进行预倒箱作业,进一步优化堆存结构,使装船顺序较早的集装箱能够尽可能地堆垛于装船顺序较晚的集装箱的上层。

本章旨在减少预倒箱作业过程中的倒箱量,开发了由邻域搜索算法与IP算法组成的两阶段混合算法对预倒箱问题进行优化,第一个阶段通过启发式规则压缩末终堆存状态空间,第二个阶段通过IP算法缩短第一阶段得到的预倒箱序列的长度。两个阶段循环交替进行以快速求得最优的预倒箱序列。借助不同种类仿真算例的实验结果及与现有研究方法下所得结果的对比,验证了两阶段混合算法的有效性与实用性。

第一节 问题描述与假设条件

在集装箱堆场中,出口集装箱按照抵港顺序依据一定的规则堆垛于各个贝中。预倒箱作业开始前堆存区域的堆垛状态称为集装箱堆场的初始堆存状态。对应于某一给定的装船顺序,初始堆存状态通常存在多个压箱状态(在本章第二节中对"压箱"进行进一步的解释),在预倒箱作业完成后,堆存区域的堆垛状态称为集装箱堆场的末终堆存状态。对于末终堆存状态,通常是以减少压箱数为主,但也可考虑其他的因素,将部分特定集装箱参照指定的方式堆垛。

集装箱预倒箱作业是指出口集装箱在装船作业开始之前,依据预倒箱序列通过集装箱的移动操作，使堆场由初始堆存状态转化为末终堆存状态。移动集装箱需消耗时间和成本，而末终堆存状态将影响后续集装箱装船作业的效率；集装箱移动可由预倒箱序列的长度来衡量，末终堆存状态可用压箱数作为评价标准。

因此，预倒箱问题可归纳为：在一定范围内的集装箱堆场中，在贝数量、额定高度及初始堆存状态已知的情况下，求解如何以最少的集装箱移动次数，达到压箱数较少的末终堆存状态。

本章基于现场作业实际，为求解方便做出如下约定。

（1）预倒箱操作发生在同一贝中。作业进行时，龙门吊大车静止，仅以移动小车的方式在一个贝中进行预倒箱。

（2）仅考虑一台龙门吊的作业。实务中，大型的集装箱堆场根据实际需要，可能同时有两台及以上的龙门吊在同一街区进行作业。但为了简化问题，本章假设仅有一台龙门吊进行作业。

（3）集装箱的装船顺序已知。

（4）在不同栈之间移动集装箱的时间相等。在龙门吊于各栈之间进行的倒箱作业过程中，除了在两个栈之间的移动外，还有栈上的定位、抓箱器锁住集装箱卡槽，以及抓箱器的上移、下移等动作。其中，小车在两栈之间的移动耗时所占的比例并不大。因此，假设小车在任意两个栈之间移动集装箱的时间均相等。

（5）不同尺寸的集装箱堆放在不同的贝。若将 40 尺与 20 尺的集装箱混合堆垛，可能造成堆垛栈的不稳定，且集装箱的混合堆放，也会因需多次调整抓箱器的宽度降低作业效率。实务中，大多情况下会将 40 尺与 20 尺的集装箱分别堆垛在不同的栈中，因此本章也做此假设。

（6）仅考虑即将抵达的集装箱船，不考虑随后的船次。理论上在为某船次的装载进行倒箱作业时，应同时考虑预期装载至下一船次的集装箱，以获得更好的作业效率。然而，如此会将问题复杂化，且下一艘船的配载计划可能尚未完成而导致无法决定集装箱的装船顺序。因此，本章中所有不属于本船次的集装箱彼此间不考虑可能产生的压箱现象。

（7）某贝在进行预倒箱作业过程中，没有其他集装箱进入。为简化问题，本章假设预倒箱期间并不增加新的集装箱，以保持集装箱量不变。

第二节　预倒箱作业描述

一、预倒箱序列

将集装箱由某一栈夹起或在某一栈放下的过程称为移动操作。一个移动操作可由（起点栈，讫点栈）或（起点栈，讫点栈，箱号）两种形式描述，前者称为基本移动操作，后者称为完整移动操作。例如，将一个集装箱由栈 2 移动至栈 9，该移动操作可表示为（2，9）；将编号为 100 的集装箱由栈 2 移动至栈 9，该移动操作可表示为（2，9，100）。多个集装箱移动操作所构成的有序集合称为预倒箱序列，例如{（2，9），（3，1），（5，4），…，（4，1）}，根据其构成内容的不同可分为以下两种。

1. 第一种定义方式：基本预倒箱序列

由多个基本移动操作所构成的有序集合称为基本预倒箱序列。

一个基本预倒箱序列若包含以下两种情况中的任意一种，即为不可行序列。

（1）执行某移动操作时，该操作的起点栈内并无集装箱。

（2）执行某移动操作时，该操作的讫点栈已达额定高度。

2. 第二种定义方式：完整预倒箱序列

白多个完整移动操作所构成的有序集合称为完整预倒箱序列。

需要注意的是，此处的集装箱编号将堆存区域内的所有集装箱赋予了一个号码，因此，以本章的测试实验例子来看，由于设定的最小集装箱编号为 0，故最大集装箱编号为（集装箱总数-1）。而对于任一集装箱，皆有可能属于不同的装船顺序，若最早装船，则集装箱的种类为 1，故最晚装船的集装箱的种类为集装箱总数。

一个完整预倒箱序列若包含以下三种情况中的任意一种，即为不可行序列。

（1）执行某移动操作时，该操作欲移动的集装箱并未存放在起点栈中。

（2）执行某移动操作时，该操作的讫点栈已达额定高度，无法容纳其他集装箱。

（3）执行某移动操作时，该操作欲移动的集装箱被压在一个或多个集装箱下方。

当一个预倒箱作业序列中不包含以上列举的不可行状况时，即为可行。需要注意的是，一个预倒箱序列是否可行除了由该序列的各个移动操作决定外，尚需考虑集装箱堆场的初始堆存状态。相同的预倒箱序列在不同的集装箱堆场的初始堆存状态下会有不同的可行或不可行的情况。

虽然以上两种定义方式下的作业序列包含的信息有所不同，但当作业序列可行时，则很容易互相转换。将一个可行的完整预倒箱序列转化为基本预倒箱序列时，只要将序列中的每一个移动操作的集装箱编号去除即可。反之，将一个可行的基本预倒箱序列转换为完整预倒箱序列时，只要将该序列以集装箱堆场的初始堆存状态模拟运行，并一一记录各移动操作所移动的集装箱编号即可。

无论是基本预倒箱序列还是完整预倒箱序列，均可用相同的方法将一个不可行的预倒箱序列变得可行：考虑集装箱堆场的初始堆存状态，按照该预倒箱序列进行模拟作业，若在模拟过程中发现不可行状况，则将不可行的移动操作全部删除。该方法简单有效，可在 PC 中快速执行。

显然，预倒箱序列具备以下两个性质。

性质一：给定集装箱堆场的初始堆存状态及可行的预倒箱序列 q，集装箱 c 是堆场中的集装箱。若将集装箱 c 移出堆场，并令 q' 为由 q 中移除集装箱 c 的所有移动操作后所得的预倒箱序列，则 q' 仍为可行的预倒箱序列。

性质二：假设暂时松弛额定高度的限制。给定集装箱堆场的初始堆存状态及可行的预倒箱序列 q，集装箱 c 是堆场中的集装箱。对应集装箱 c 产生一个虚拟集装箱 c'，并对应 c' 产生一条移动路径。令 q' 为将集装箱 c' 的路径加入原可行的预倒箱序列 q 中后所得的新的预倒箱序列，若满足①q' 可行；②集装箱 c' 在初始堆存状态中的位置位于集装箱 c 的紧上方；③集装箱 c' 路径的最后一个预倒箱操作是集装箱 c 路径最后一个预倒箱操作的紧后动作；④末终堆存状态集装箱 c' 与集装箱 c 所在栈相同，则末终堆存状态集装箱 c' 仍位于集装箱 c 的紧上方。

二、压箱数

为分析集装箱堆场任意时刻的状态，本章引入"压箱数"的概念。

压箱数是指某栈中最严重的压箱现象的深度，即

$$某栈压箱数 = 该栈目前堆存高度 - 发生压箱的最大深度 \qquad (7.1)$$

本章设定集装箱的箱号编号由 0 开始，最大编号为（集装箱总数-1）；根据装船顺序的不同，可将集装箱划分为若干优先级，最早装船的优先级编号为 1；故箱号为 m、优先级为 n 的集装箱表示为 $n(m)$。若某栈优先级编号较小的集装箱均堆放在编号较大的集装箱上面，则无压箱现象，即压箱数为 0。

如图 7.1 所示，栈 A 中不存在优先级编号较大的集装箱位于编号较小的集装箱上面的情况，故栈 A 的压箱数为 0。在栈 B 中，压箱现象发生在 4（1）、2（2）两个箱子之间，故压箱数=4（栈的堆存高度）-2［2（2）的高度］=2。栈 C 的压箱现象发生在 4（0）、3（1）及 3（2）、1（3）两组箱子之间，故压箱数=max（｛4（栈的堆存高度）-3［3（1）的高度］｝，｛4（栈的堆存高度）-1［1（3）的高度］｝）=3。在栈 D 中，4（0）与 3（1）、3（1）与 2（2）、2（2）与 1（3）均发生压箱现象，由于该现象最大深度为 1［1（3）的高度］，故压箱数为 3。若某贝由 A、B、C、D 构成，则该贝的压箱数为 8（0+2+3+3）。

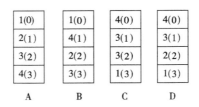

图 7.1　栈内压箱示意图

可见,对于任一栈而言,压箱数的最小值为 0,最大值为(栈当前堆垛高度−1)。当给定某一堆存区域的栈的堆存情况时,可根据式(7.1)计算各栈的压箱数,再将其加和,便可得到整个区域的压箱数。预倒箱序列执行完毕后,堆场的压箱数可作为评估该序列的一个指标。

另一个指标则是预倒箱序列的长度,即序列中移动操作的数量。若一个基本预倒箱序列表示为 $\{(m,n),(i,j),(p,q)\}$,则该序列长度为 3。完整预倒箱序列亦同。

因此,针对集装箱移动操作的数量及末终堆存状态的压箱数两项指标,将一个预倒箱序列的长度与其所对应的末终堆存状态压箱数加权相加,可设定为目标函数,作为该预倒箱计划优劣评估的依据。本章设定两者的比为 $W_1 : W_2 = 0.1 : 1$。

第三节　两阶段混合算法设计

由文献[75]可知,运用网络模型可求得预倒箱问题的最优解,但求解时间也将随着问题规模的扩大而增加,这可能延长集装箱船在港停留时间而徒增不必要的费用。因此,下文构建了包含 IP 模型在内的基于邻域搜索算法的启发式算法对预倒箱问题进行处理,力求在较短的时间内求得大规模问题的最优解。

本章设计的两阶段混合算法以邻域搜索算法的内涵为核心,由一个可行解开始,在每次循环的过程中进行持续改进,直至完成预定的循环数或无法再改善为止。算法可分为两个阶段。

第一个阶段,以一组随机程序调整当前解的移动操作,旨在搜寻更优的堆场末终堆存状态。该阶段运用阈值接受算法作为是否接受新解的规则,求得末终堆存状态压箱数较少的预倒箱序列。

第二个阶段,针对第一个阶段求得的预倒箱序列,设法在保证末终堆存状态不变的前提下缩短第一个阶段得到的预倒箱序列的长度。该阶段使用小规模的二元 IP 模型描述预倒箱序列的邻域,再由求解该模型以寻找在上述邻域中的最优解。对整体问题而言,该最优解为当前解附近的局部最优解。整个求解过程在两个阶段循环交替进行,以快速求得最优的预倒箱序列。

一、涉及算法简介

（一）邻域搜索算法

传统的邻域搜索算法是指从一个初始解出发，利用状态发生器持续地在该解的邻域中搜索比其优的解，若能找到如此的解，就以之替代初始解成为新的当前解，然后重复上述过程；否则，结束搜索过程，以当前解作为最终解。

这种求解算法的特点如下。

（1）通用易实现，只要设计好状态发生器（邻域函数），就能求解组合或函数优化。

（2）算法性能对邻域函数和初始解具有依赖性，邻域函数和初始值选取不同，算法最终的性能将会有差异；

（3）算法的局部优化特性，没有跳出局部极值的能力。

模拟退火、禁忌搜索、遗传算法、基于规则的启发式算法，以及基于它们的各种混合算法，都是对传统邻域搜索算法的改进和变形，这种通过不同途径构成的改进算法称为广义邻域搜索算法。

广义邻域搜索算法从若干初始解出发，在算法参数控制下由当前状态的邻域中产生出若干个候选解，并以某种策略在当前解和候选解中确定新的当前状态。之后，该算法伴随控制参数的调节，重复执行上述搜索过程，直至满足算法终止准则，结束搜索过程并输出优化结果。

搜索机制的选择是构造广义邻域搜索算法框架和实现优化的关键，如遗传算法采用的是基于概率分布的优化机制；搜索方式的选择决定了优化的结构，以及每代有多少解参与优化，如遗传算法采用的是并行搜索机制，模拟退火算法则采用的是串行搜索机制。

邻域函数的设计决定了邻域结构和邻域解的产生方式，算法对问题解的不同描述方式使解空间的优化曲面形状和解的分布有所差异，这会直接影响邻域函数的设计，进而影响算法的搜索行为。在确定邻域结构后，当前状态邻域中候选解的产生方式既可以是确定的，也可以是随机的。

状态更新方式的设计是指以何种策略在新旧状态中确定新的当前状态，是决定算法整体优化性能的关键步骤之一。采用基于确定性的状态更新方式，难以穿越大的能量障碍，容易陷入局部极小；而采用基于随机性的状态更新方式，则能够取得较好的全局优化性能。

在计算中，必须以一定的准则和方式进行控制参数的修改以适应广义邻域搜索算法性能的动态变化，且修改幅度必须使算法性能的动态变化具有一定的平衡性，以实现算法行为在不同参数下的良好过渡。

算法终止准则的设计决定了广义邻域搜索算法最终的优化性能。设计时应兼顾邻域搜索算法的优化质量和搜索效率等多方面性能，或根据问题需要着重强调算法的某方面性能，采用与算法性能指标相关的近似收敛准则。

（二）阈值接受算法

阈值接受算法是由 Dueck 和 Scheuer 于 1990 年提出的一个巨集启发式算法，其观念源于模拟退火算法，区别在于阈值接受算法将模拟退火算法中概率性接受法则改为确定性接受法则[146]。该算法的基本思想是：当邻域搜索过程陷入局部最佳解时，采取较松的接受法则来接受劣于当前最优解的解，以便脱离局部最优而继续搜索下去。

阈值接受法的基本流程如下。

步骤 1：运用插入法、节约法等产生初始解，并设定初始阈值。

步骤 2：采用邻域搜索算法对初始解进行改善。

步骤 3：计算采用邻域搜索算法改善后的解与当前最优解的目标函数值，判断是否符合阈值接受法则。若符合，则以改善后的解取代当前最优解作为新的当前最优解，否则不接受改善后的解，保留当前最优解。

步骤 4：判断是否达到终止准则。若达到，则算法结束，输出最优解；否则，转至步骤 5。

步骤 5：更新阈值，以当前最优解为初始解，转至步骤 2。

在循环计算过程中，初始阈值根据特定规则逐渐减少，直至降为 0，代表新解的目标函数值必须不小于之前的目标函数值才能被接受。这一运算机理能使求解初期跳出局部最优解，而末期又可以保证解的优良延续。

二、第一个阶段：基于阈值接受算法的邻域搜索算法

第一个阶段采用基本预倒箱序列，并基于阈值接受算法设计邻域搜索算法，在算法开始时，以随机方式产生一个预倒箱序列，并将之转化为可行序列后作为初始可行解，并将后续的每一次循环中产生的当前解作为下一循环的初始解。解的目标函数值是最小化其所对应的集装箱堆场末终堆存状态的压箱数。

显然地，阈值越高，算法搜索的范围越大，运行的时间就越久；阈值越低，虽然缩短了运行时间，但求解结果有早熟的风险。参考以往的计算经验，本章取初始目标函数值的四分之一作为初始阈值。

尽管缩短预倒箱序列长度不是该阶段的重点，但有必要避免序列过长的情况，故目标函数用本章第二节中提到的加权值表示。另外，该阶段采用基本预倒箱序列，定义 A 为阈值，T 为当前预倒箱序列，T^* 为最优可行预倒箱序列，F 为 T 所对应的目标函数值，F^* 为 T^* 所对应的目标函数值，算法步骤表述如下。

步骤 1：初始化。设初始预倒箱序列为 T^*，设定初始阈值为 F^* 的四分之一，

$T = T^*$；

步骤 2：产生新解。通过以下三种方法随机变动当前解以产生新解：①以 P_1 的概率随机插入一个移动操作；②以 P_2 的概率删除一个随机选择的移动操作；③以 P_3 的概率随机选择两个移动操作并对调两者的位置。

步骤 3：可行性检验。若 T 不可行，则转至步骤 2，通过删除操作等方法将其变为可行。

步骤 4：阈值接受检验。若 $F < F^* + A$，则接受 T 为最优可行预倒箱序列，即 $T^* \leftarrow T$；当每进行 3 000 次循环或连续 100 次循环未能求得更优的可行解时，A 降低 5%。

步骤 5：算法终止。若 $A < 1$，算法终止，输出 T^*；否则转至步骤 2。

值得注意的是，预倒箱序列通常会在步骤 3 中因删除操作而变短，因此概率 P_1 应远大于概率 P_2、P_3 的取值。P_1 值越低，算法运行速度越快，但将影响最终解的质量，故本书设 P_1、P_2、P_3 的值分别为 0.89、0.10、0.01。

在该阶段的计算中，算法设法求解末终堆存状态的压箱数最小的预倒箱序列；然而在其求解过程中，并无任何约束能使其在达到压箱数最小的过程中同时提高移动效率。因此，求得的预倒箱计划中会存在冗余的移动操作。例如，将一集装箱由栈 A 移至栈 B，经过若干其他移动操作后再移至栈 B，这种操作将徒增二次移动却对整个作业毫无贡献。计算中侦测该移动操作并不困难，由于各个集装箱的相互制约，判断某移动操作是否为冗余作业并使之简化却相当复杂。因此，需要第二个阶段的优化计算，即不改变末终堆存状态的条件下，如何排除冗余的移动操作而缩短整个预倒箱序列。

三、第二个阶段：整数规划

该阶段采用完整预倒箱序列，故在该阶段开始时，需通过模拟的方法，记录每个移动操作所移动的集装箱的编号，将第一个阶段所得的集装箱基本预倒箱序列转换为含箱号的集装箱完整预倒箱序列。之后，运用本章第二节中预倒箱序列的两个性质，构建二元 IP 模型以缩短预倒箱序列的长度。

定义堆存区域初始堆存状态为 Y，其区域内堆存集装箱的集合为 C。令 q 为一个可行的预倒箱序列，Y_q 为 Y 对应于 q 的末终堆存状态。根据预倒箱序列的性质二，在松弛额定高度限制的前提下对堆存区域的每一个集装箱 c，产生一定数目的虚拟集装箱 c'，c''，$\cdots$，$c^{(n)}$，并对应设定各虚拟集装箱的移动路径。同时，令初始堆存状态中集装箱 c' 位于集装箱 c 的紧上方，c'' 位于 c' 的紧上方，以此类推。令 Y' 为加入所有虚拟集装箱后集装箱堆存区域的初始堆存状态，q' 为加入所有虚拟集装箱的移动路径所得的预倒箱序列。需要指出的是，该处 q' 不一定为可行预倒箱序列。

图 7.2 举例说明了虚拟集装箱的生成及其移动路径的设定规则。图 7.2（a）为贝中集装箱的初始堆存状态，由此可得初始可行的预倒箱序列为 $q=\{$（1,3,2），（2,4,4），（2,1,3），（3,2,2），（1,3,3），（1,2,1）\}。根据预倒箱序列的性质二，对栈 2 中的集装箱 2(3)增加一个虚拟箱 2(3′)，从而初始堆存状态转化为图 7.2(b)。对集装箱 2(3′)随机产生移动路径，并加入预倒箱序列 q 中，生成新的预倒箱序列 q'_c。其中，虚拟集装箱 2（3′）的最后一步移动动作置于集装箱 2（3）的最后移动动作之后，$q=\{$（1,3,2），（2,4,4），（2,4,3′），（2,1,3），（3,2,2），（1,3,3），（1,3,3′），（1,2,1）\}，末终堆存状态如图 7.2（c）所示。

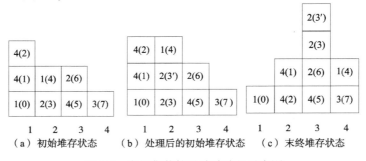

（a）初始堆存状态　　　（b）处理后的初始堆存状态　　　（c）末终堆存状态

图 7.2　虚拟集装箱及移动路径示意图

定义符号如下。

x_i：决策变量，对于任一真实或虚拟集装箱 i，若该集装箱被选择，则其值为 1，否则为 0。

c_i：真实集装箱或虚拟集装箱 i 的移动路径长度，即集装箱 i 在预倒箱过程中，被移动的次数。

C：所有真实集装箱的集合。

C'：所有真实集装箱与虚拟集装箱的集合。

D_i：真实集装箱 i 及所对应的虚拟集装箱的集合。

V：预倒箱过程中某栈在某时刻所堆存的真实集装箱与虚拟集装箱的集合。

根据上述定义符号，以下将介绍如何建立数学模型以求解在每一个真实集装箱的替代路径中各挑选出一条路径，组合成为具有最小长度的可行预倒箱序列。

目标函数为

$$\text{Minimize} \sum_i c_i x_i , \quad \forall i \in C' \tag{7.2}$$

目标函数式（7.2）表示最小化集装箱移动次数。

约束条件为

$$\sum_{i\in D_i} x_i = 1 , \quad \forall i \in C \qquad\qquad (7.3)$$

约束式（7.3）保证每一个真实集装箱的可能替代路径只选择一个。

$$x_i + x_j \leqslant 1 , \quad \forall i, j \text{ 有移动冲突} \qquad\qquad (7.4)$$

约束式（7.4）为排除移动冲突的约束，其所表达的含义如下：集装箱 i 与集装箱 j 为真实集装箱或虚拟集装箱，集装箱堆场初始堆存状态 Y' 及预倒箱序列 q'，若在对 Y' 执行 q' 的过程中有任何一个瞬间，欲移动集装箱 j（或 i）但集装箱 i（或 j）位于其同一栈的较高位置而产生移动冲突，则上述两个集装箱不能同时选择。

$$\sum_{i\in V} x_i \leqslant H , \quad \forall V \text{ 为产生超高冲突的集合} \qquad\qquad (7.5)$$

约束式（7.5）为栈的堆垛高度限制，确保集装箱堆存的高度不超过栈的额定高度。若在对 Y' 执行 q' 的过程中，将任一集装箱 i 移至某一栈时发现该栈的堆垛高度超过了最大容许高度 H，则式（7.5）将限制当前存在于该栈中的所有集装箱中，最多仅能有 H 个集装箱被选择。

$$x_i \in \{0,1\} , \quad \forall i \in C' \qquad\qquad (7.6)$$

约束式（7.6）为决策变量 0-1 约束。

由式（7.2）~式（7.6）构成的模型的一组可行解由每一个真实集装箱 i 所对应集合 D_i 中各选一条移动路径组成，且在整个预倒箱过程中不会产生冲突或出现堆放超高的预倒箱序列。该模型的最优解为所有可行解中移动次数最少的解。根据预倒箱序列的性质一和性质二，可知该模型的可行解所对应的末终堆存状态均为 Y_q。此外，由于该模型所依据的可行预倒箱序列 q 本身即该模型的可行解，故该模型可行解必然存在。

在保证初始堆存状态与末终堆存状态不变的情况下，令堆存区域初始堆存状态 n 个集装箱的每一个各产生 k 个虚拟集装箱，并产生相对应的虚拟路径，即原集装箱的替代路径。各集装箱将自身路径与产生的 k 个虚拟路径加入预倒箱序列中，可得到 $(k+1)^n$ 个预倒箱序列，这些组合为达到相同的末终堆存状态的替代预倒箱序列。在这些组合中选取可行且长度最短的预倒箱序列作为最终的预倒箱序列，并删除未被选择的集装箱及其路径。

四、两阶段混合算法流程图

由本章第一节和第二节可知，在本章提出的两阶段混合算法的架构中，每一次循环过程中第一个阶段产生一个可行的预倒箱序列 q，并在第二个阶段中利用二元 IP 模型进行缩短。第二个阶段建立的数学模型的可行解空间可视为预倒箱序

列 q 的邻近区间，而其最优解则为该邻域中的最优解，但是该邻域的规模非常大。假设共有 n 个集装箱，每个集装箱产生 k 个虚拟集装箱，则可能的组合将有 k^n 种。其中虽然有相当数量的不可行组合，但可行组合的数量仍然很多。在传统的邻域搜索算法中，每次循环产生新解的方法大都是当前解的邻域中以随机方式产生一个或多个可行解，再从中挑选较优的解。相比之下，本章提出的两阶段混合算法的搜索邻域空间更为广阔，因此可以大幅度提高求解效率。

运用本章提出的两阶段混合算法进行求解时，整体循环上限定为 N_1，本章第三节所述第一个阶段的步骤 2 中产生新解无循环上限，仅以阈值作为约束标准，而第二个阶段循环次数设定为 N_2 次。两阶段混合算法流程图如图 7.3 所示。

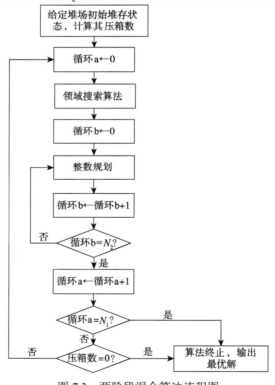

图 7.3 　两阶段混合算法流程图

a、b 用来区分内外循环。a 代表外循环邻域搜索，b 代表内循环整数规则

第四节　实验及结果分析

本节为数值实验部分，借由第三节建立的模型与提出的算法，对于给定的集

装箱堆场堆存状态进行求解，测试得到的预倒箱序列是否有助于改善堆存区域的压箱情形。周鹏飞和李丕安研究了进口集装箱堆场倒箱率影响因素，得出倒箱率与集装箱优先级、栈优先级之和、贝中集装箱数、贝优先级之和等因素相关性显著且影响趋势明显的结论[147]。同样地，本节数值例将根据不同的模型参数设定分别进行实验，也将有不同的运算结果。

实验运算环境为英特尔酷睿 I5 CPU，4.0 GB 内存，2.50 GHz 的 PC。设定 $N_1 = 30$，$N_2 = 3$，第一个阶段运用 Visual C++ 6.0 编程，以 Microsoft Visual Studio 2008 进行编译，第二个阶段的二元 IP 模型，运用 Lingo 软件进行求解。算法结束后，可获得目标函数值最小的预倒箱序列、对应的压箱数、移动操作序列长度及经过这些移动操作之后，堆存区域的末终堆存状态。

本节参数表示如下：S 为堆场堆存区域中栈的数量；H 为栈的额定堆存高度；N 为堆场中集装箱的总数量；K 为堆场中集装箱的种类；依据给定的 S、H、N、K，随机产生堆场的初始堆存状态。由于本章处理的预倒箱问题设定在同一贝中，故数值例中的堆场图皆以 2-D 图表示，X 轴表示栈，Y 轴表示栈的堆存高度。每一个单元格表示一个箱位。

为方便之后的表述，现需介绍"堆存区域利用率"的概念。堆存区域利用率是指在某一特定区域内，堆存的集装箱数量占据总箱位的比率，由此可知用于预倒箱作业的空间是否足够。堆存区域利用率可用以下公式计算：

堆存区域利用率=区域内集装箱总数/箱位数

$$=区域内集装箱总数/（区域内栈数×栈的额定堆存高度）\qquad（7.7）$$

若堆存区域利用率大，则易于发生以下情形：为消除栈 A 的压箱状态，设计将集装箱 C 移动出栈 A。但在确定集装箱 C 的落箱栈时，大的堆存区域利用率会导致能堆存集装箱 C 的箱位较少，可能造成集装箱 C 在移动至其他栈时，造成该栈压箱现象的产生，使得集装箱需反复进行移动操作，导致预倒箱序列的加长；反之，若堆存区域利用率小，则造成压箱的情况也会较少。总之，堆存区域利用率的大小将影响移动集装箱的弹性，进而影响预倒箱序列的长度。

以下的数值例中，除了所提到的参数改变外，其他参数，如探索新解及阈值接受算法部分的参数，均始终保持固定值。为探讨不同的参数对本章第三节的模型的影响，本书设计了多个不同性质的实验，主要可划分为以下五类。

（1）按规模大小分类。

数值例之间的差异在于贝内的栈数与栈的额定堆存高度，固定的贝的堆存区域利用率及其他参数。规模的大小取决于箱位数的多少。

（2）按堆存区域利用率分类。

固定堆存区域的规模（栈数、高度），变化集装箱的总数以改变区域的堆存区域利用率。

（3）按集装箱优先级分类。

本章所指的优先级即集装箱的种类。实务中，集装箱的种类除了考虑特殊箱、危险箱或冷藏箱外，大多以目的地来区分。在该类实验中，通过固定堆存区域的规模（栈数、高度）、堆存区域利用率及其他参数，改变集装箱的种类，探索对测试结果的影响。

（4）按目标函数的参数设定值分类。

将预倒箱序列的长度与其所对应的末终堆存状态压箱数加权相加，设定为目标函数，两者的比为 $W_1 : W_2 = 0.1 : 1$，实验中将改变该比率参数。

（5）与现有研究进行比较。

针对文献[75]中的降低压箱模型，通过相同的集装箱堆场堆存状态，分别计算并将结果进行对比。

一、按规模大小分类

将第一个数值例作为基准实验，在随后的章节中，均以其作为对照实验。设定基准实验的相关参数如下：$S = 13$，$H = 5$，$N = 45$，$K = 10$，由此可知，堆存区域利用率为69%[45/（13×5）]。

图7.4是堆存区域的初始堆存状态的切面图，$S_1 \sim S_{13}$ 表示第1栈至第13栈，格中数字代表集装箱的种类及编号，如 S_1 中第三层的7（16）表示种类编号为7，箱号为16的集装箱。在该初始状态下，按照本章压箱数的计算方法，$S_1 \sim S_{13}$ 的压箱数为25［根据（3-1）+（4-2）+（5-1）+（0）+（0）+（4-3）+（5-3）+（3-2）+（5-1）+（3-1）+（5-2）+（3-1）+（3-1）计算得出］，预倒箱序列长度为0。

S_1	S_2	S_3	S_4	S_5	S_6	S_7	S_8	S_9	S_{10}	S_{11}	S_{12}	S_{13}
		10 (39)				4 (43)		5 (44)		3 (42)		
	5 (34)	2 (11)			4 (23)	9 (38)		2 (31)		2 (41)		
7 (16)	4 (33)	1 (10)			2 (21)	6 (35)	8 (37)	9 (28)	4 (13)	10 (29)	1 (40)	7 (36)
8 (7)	1 (30)	10 (9)		7 (26)	5 (14)	5 (25)	3 (32)	3 (22)	6 (5)	5 (24)	9 (8)	10 (19)
3 (2)	3 (12)	2 (1)		7 (6)	9 (17)	8 (25)	8 (27)	1 (20)	1 (10)	6 (15)	4 (3)	9 (18)

图 7.4　基准实验的初始堆存状态

本章提出的两阶段混合算法执行之后，可获得压箱数为0、长度为32的预倒箱序列（箱号由0~44组成）：(12,6,40)，(7,10,43)，(7,4,38)，(1,7,16)，(8,4,37)，(1,4,7)，(1,8,2)，(13,5,36)，(11,8,42)，(7,5,16)，(6,8,40)，(11,13,41)，(11,1,29)，(6,7,23)，(13,7,41)，(9,4,44)，(2,5,34)，(3,1,39)，(10,11,43)，(2,4,33)，(13,1,19)，(12,1,8)，(9,6,31)，(10,12,13)，(9,13,28)，(3,11,11)，(3,6,10)，(10,13,5)，(10,11,0)，(9,13,22)，(3,10,9)，(8,12,40)。堆存区域的末终堆存状态如图7.5所示。

S_1	S_2	S_3	S_4	S_5	S_6	S_7	S_8	S_9	S_{10}	S_{11}	S_{12}	S_{13}
			4 (33)	5 (34)	1 (10)	2 (41)				1 (0)		
9 (8)			5 (44)	7 (16)	2 (31)	4 (23)	3 (42)			2 (11)		3 (22)
10 (19)			8 (7)	7 (36)	2 (21)	6 (35)	3 (2)			4 (43)	1 (40)	6 (5)
10 (39)	1 (30)		8 (37)	7 (26)	5 (14)	6 (25)	3 (32)			5 (24)	4 (13)	9 (28)
10 (29)	3 (12)	2 (1)	9 (38)	7 (6)	5 (4)	8 (17)	8 (27)	1 (20)	10 (9)	6 (15)	4 (3)	9 (18)

图 7.5　基准实验的末终堆存状态

初始值设定 $W_1:W_2 = 0.1:1$ ，导致邻域搜索算法以降低压箱数为主要目的，忽略了预倒箱序列长度的影响，从而目标函数值的走势与压箱数的走势大致相同。

算法开始时，为了由随机产生的初始解搜索新的解，本书利用了增加或减少移动操作来改变倒箱顺序的方法。但这种细微的变化可能导致不可行解的产生。为解决不可行解的问题，采取的方法也将对压箱数造成极大的影响，同时预倒箱序列的长度也会发生变化。

当邻域搜索算法循环次数达到 1 000 时，在搜索新解的过程中，预倒箱序列长度大大增加，三条折线的锯齿形状表明启发式算法的特点开始显露，即当逐渐逼近局部最优解时，利用阈值接受算法的接受条件，得以跳出局部最优解，而继续搜索更优的解。当一个新的较优解产生时，压箱数通常减少，而预倒箱序列需要做出很多调整，导致其长度大幅增加。

循环次数为 62 000、91 000、92 000、109 000 及 114 000 时，产生压箱数为 0 的解。比较其目标函数值，需加上预倒箱序列长度的影响来考虑，最终选择第 61 796 次的解（压箱数为 0，预倒箱序列长度为 38）进入算法的第二个阶段，即通过二元 IP 算法缩短预倒箱序列长度。最终得到压箱数为 0，预倒箱序列长度为 32 的解。

将整个算法过程重复 30 次，取每一次循环的最优解，该算例的最优解与第一次循环的最优解相同。

依据上述规则，随机生成不同规模的实验数值例（堆存区域利用率均为 69%），按照两阶段混合算法进行计算，所得结果如表 7.1 所示。

表 7.1　不同规模的实验运算结果

规模 $H \times S$	箱量 N /个	初始压箱数/个	末终压箱数/个	压箱数降低率	第一个阶段循环次数/次	预倒箱序列长度/个	目标函数值	算法耗时/秒
4×8	23	13	0	100%	33 909	18	1.8	48.516
4×10	28	18	0	100%	47 000	28	2.8	70.313
5×8	28	18	0	100%	54 362	27	2.7	69.703
5×10	35	23	0	100%	77 000	33	3.3	85.421
5×13	45	25	0	100%	61 796	32	3.2	78.875
5×16	56	31	0	100%	81 000	38	3.8	102.437
9×13	82	60	28	53%	115 000	49	32.9	124.437
9×16	100	72	39	46%	128 000	50	44	136.000

由表 7.1 可以看出，运算结果中的各种指标数值随着堆存区域的增大而增大。当堆存区域容量相同时（4×10 与 5×8），尽管额定堆存高度不同，但结果非常接近；而当栈的数量或额定堆存高度的其中一个增加时，求解结果也呈正比增加。此外，综合表 7.1 中列出的第一个阶段求得的初始预倒箱序列的循环次数与算法耗时可知，两阶段混合算法的收敛效果良好。

二、按堆存区域利用率分类

以上实验堆存区域利用率均为 69%，现将堆存区域利用率设定为不同数值，以测试对压箱数的影响。将堆存区域大小设定为 13×5，所得结果如表 7.2 所示。

表 7.2　不同堆存区域利用率的实验运算结果

堆存区域利用率	箱量 N/个	初始压箱数/个	末终压箱数/个	压箱数降低率	预倒箱序列长度/个	目标函数值	算法耗时/秒
49%	32	14	0	100%	18	1.8	74.016
60%	39	19	0	100%	23	2.3	73.828
70%	45	25	0	100%	32	3.2	78.875
79%	51	31	4	87%	35	7.5	81.562
85%	55	35	20	43%	19	21.9	65.938
89%	58	37	23	38%	19	24.9	66.250
94%	61	40	33	18%	9	33.9	64.671

由表 7.2 可以看出，在堆存区域容量一定的情况下，初始压箱数随着堆存区域利用率的提高而增加，在堆存区域利用率提高到 79%后，便无法求得末终压箱数为 0 的解。

此外，不难发现，由于参数设定的问题，目标函数值随着末终压箱数的变化而呈同趋势变化。预倒箱序列长度与求解的算法耗时在堆存区域利用率提高到 79%后呈现与堆存区域利用率相反的变化趋势。这是因为当堆存区域利用率为 79%时，堆存区域容量为 65 个集装箱，而实际存有 51 个集装箱，可供预倒箱的位置仅剩 14 个，倒箱作业将不易进行。而邻域搜索算法结束后，二元 IP 模型会将所求得的预倒箱序列缩短，导致整体优化算法很快陷入局部搜索，倒箱弹性降低，在搜寻新解不易的情况下，该局部最优解会保持到最后成为最终结果。但通过数值例 5、例 6、例 7（堆存区域利用率分别为 85%、89%、94%）可以看出，本章算法降低高堆存区域利用率堆场的压箱数的效果还是非常明显的（压箱数分别降低了 20%、23%、33%）。

三、按集装箱优先级分类

将堆存区域的大小设定为 13×5，堆存区域利用率设定为 69%，即共堆存 45

个集装箱。现假定集装箱的总数不变，改变集装箱优先级的个数，取 10 种不同的集装箱优先级进行测试，所得结果如表 7.3 所示。

表 7.3　不同优先级的实验运算结果

优先级数量/个	初始压箱数/个	末终压箱数/个	压箱数降低率	预倒箱序列长度/个	目标函数值	算法耗时/秒
3	23	0	100%	28	2.8	72.000
4	26	0	100%	33	3.3	80.626
5	20	0	100%	27	2.7	73.719
7	23	0	100%	28	2.8	76.296
8	26	0	100%	36	3.6	84.781
10	25	0	100%	32	3.2	78.875
20	29	0	100%	36	3.6	80.343
25	30	0	100%	45	4.5	102.297
30	31	2	94%	37	5.7	87.688
45	33	0	100%	46	4.6	88.875

由表 7.3 可以看出，末终压箱数、预倒箱序列长度、目标函数值及算法耗时均没有随着集装箱优先级的细分而发生明显变化。

因此，可以推断，集装箱优先级的细分程度对预倒箱作业影响不大。对于集装箱装船作业而言，只要依据装船顺序表，令每一个集装箱为一个优先级，就可求得满意的预倒箱序列。

四、按目标函数的参数设定值分类

将目标函数中参数比最终设定的 0.1∶1（即 1/10∶1）改为 1/6∶1，运用本章第四节中的基准实验进行求解，经预倒箱序列长度为 31 个的预倒箱作业之后，压箱数由 25 个降为 0 个。

该例在第一个阶段的算法运行过程中，最优解出现在第 77 000 次及第 94 000 次循环中，压箱数为 0 个，预倒箱序列长度为 34 个。而在第 73 592 次、90 000 次、115 000 次及 126 000 次的循环中均有压箱数为 0 的解，但因为预倒箱序列长度为 35 个而被淘汰。

之后，将参数比设为 0∶1，即在阈值接受算法计算过程中，完全以压箱数的减少为目标，而不考虑预倒箱序列长度的波动，而仅在第二个阶段的二元 IP 模型进行预倒箱序列长度的优化。仍以基准实验为例，求解最终倒箱量为 48 个，压箱数由 25 个降为 0 个。压箱数的变动折线相当于目标函数的变动折线。在第 33 909 次、47 000 次、75 000 次、76 000 次、81 000 次、118 000 次及 128 000 次循环中的压箱数均为 0 个。

比较上述两个实验，可见差异在于预倒箱序列长度的变化。当参数比为 0∶1

时，搜索较优解时，因不考虑预倒箱序列长度的影响，求得的预倒箱序列长度可以相当大，在利用二元 IP 模型缩短序列长度时，序列长度的变化也会比较大。因此，也可以推断，对于目标函数参数比较大的数值例，二元 IP 模型在缩短预倒箱序列长度方面，作用不明显。

先后运行几个相似的数值例（堆存区域大小为 5×13，集装箱总数为 45 个，堆存利用率为 69%，初始压箱数为 25 个），求解结果如表 7.4 所示。

表 7.4　不同参数设置下的实验运算结果

参数比	末终 压箱数/个	压箱数 降低率	预倒箱 序列长度/个	目标 函数值	算法耗时/秒
0 : 1	0	100%	48	0	114.063
0.01 : 1	0	100%	48	0.48	114.110
0.05 : 1	0	100%	32	1.6	82.765
0.1 : 1	0	100%	32	3.2	78.875
1/6 : 1	0	100%	31	5.2	77.750

由上述测试结果可以看出，目标函数参数比的变化将直接影响预倒箱序列长度。虽然上述数值例得到的末终压箱数均为 0，且可顺利求得一个较优的预倒箱序列，但若考虑其他情况，则可能由于参数比过大，求解过程过早陷入较短的序列的解，而无法持续减少压箱数。但若采用过小的参数比，如 0：1 或 0.01：1，则会出现过分追求压箱数的降低，而导致求解的算法耗时过长。

五、与现有研究的比较

针对文献[75]中降低压箱数的模型，通过相同的集装箱堆场堆存状态的算例进行测试对比。取文献[75]扩展模型中第一个数值例的 $S=10$，$H=4$，$N=25$，$K=3$ 作为初始堆存状态进行测试。为各集装箱加上编号后的初始堆存状态如图7.6 所示。

S_1	S_2	S_3	S_4	S_5	S_6	S_7	S_8	S_9	S_{10}
		2(6)	3(9)	1(12)				3(21)	1(24)
3(1)	2(3)	1(5)	1(8)	3(11)	2(14)	1(16)	3(18)	2(20)	1(23)
1(0)	1(2)	3(4)	2(7)	1(10)	1(13)	3(15)	2(17)	1(19)	2(22)

图 7.6　数值例的初始堆存状态

根据本章提出的压箱数的定义，可知该数值例的初始压箱数为 10 个。通过文献[75]算法求得的末终堆存状态如图 7.7 所示。其中，末终压箱数为 0，预倒箱序列长度为 12，求解时间为 13 444 秒。

S_1	S_2	S_3	S_4	S_5	S_6	S_7	S_8	S_9	S_{10}
		3(9)				2(20)	2(14)		1(16)
		3(1)				3(11)	2(3)		1(24)
	1(5)	3(21)	1(8)		1(12)	3(18)	2(6)		1(23)
1(0)	1(2)	3(4)	2(7)	1(10)	1(13)	3(15)	2(17)	1(19)	2(22)

图 7.7　文献[75]算法下数值例的末终堆存状态

通过本章的两阶段混合算法求得的末终堆存状态如图 7.8 所示。其中，末终压箱数为 0，预倒箱序列长度为 16，求解时间为 60.563 秒。

S_1	S_2	S_3	S_4	S_5	S_6	S_7	S_8	S_9	S_{10}
2(20)					1(13)				1(0)
3(1)		3(18)			2(6)	1(12)			1(24)
3(9)	1(5)	3(11)	1(8)		2(3)	1(16)			1(23)
3(21)	1(2)	3(4)	2(7)	1(10)	2(14)	3(15)	2(17)	1(19)	2(22)

图 7.8　两阶段混合算法下数值例的末终堆存状态

现将文献[75]扩展模型中的其他两个数值例及新生成的数值例，运用文献[75]及本章的两阶段混合算法分别求解，与上述实验结果汇总如表 7.5 所示。

表 7.5　不同数值例的实验运算结果

数值例 (H,S,N,K)	初始压箱数/个	末终压箱数/个		预倒箱序列长度/个		算法耗时/秒	
		文献[75]	本章	文献[75]	本章	文献[75]	本章
(4,10,25,3)	10	0	0	12	16	1 344.000	60.563
(4,16,35,4)	13	0	0	15	19	195.000	89.110
(4,15,31,31)	10	0	0	12	17	17 210.000	80.656
(4,12,29,20)	12	0	0	13	18	11 120.000	75.526
(4,14,30,15)	13	0	0	15	19	8 510.000	80.635
(4,14,25,10)	12	0	0	12	17	4 822.000	71.716

由表 7.5 可以看出，运用本章设计的两阶段混合算法求得的预倒箱序列长度稍长于文献[75]，而求解的算法耗时却明显短于文献[75]，可见本章提出的算法可有效提高求解效率。

集装箱堆场实际作业中，作业时间长短是至关重要的因素，这就要求两阶段混合算法以最短的时间求得最优的结果。由本节实验可知，本章所提出的两阶段混合算法求解数值例的时间均在 180 秒以内，鉴于求解快速且求得结果优良，故较文献[75]的算法更具可行性和现实意义。

第五节　本章小结

　　本章针对集装箱堆场出口集装箱预倒箱问题，以降低压箱数为目的，开发了基于阈值接受算法的两阶段混合算法，第一个阶段，运用基于阈值接受算法的邻域搜索算法作为是否接受新解的规则，求得末终堆存状态压箱数较少的预倒箱序列；第二个阶段，使用小规模的二元 IP 模型描述预倒箱序列的邻域，再由求解该模型以寻找在上述邻域中的最优解。整个求解过程中两个阶段循环交替进行，以快速求得最优的预倒箱序列，从而指导实际预倒箱作业的进行。

　　本章采取的实验均以集装箱堆场实务为参照标准，实验结果表明运用本章的两阶段混合算法均可在合理的时间内完成运算过程，并可获得优良的预倒箱序列，具有良好的可行性。

第八章　出口集装箱装船取箱作业倒箱优化

　　预倒箱作业结束后，集装箱船舶将陆续抵港，港口也将随之进行出口集装箱在陆侧的最后一个环节的作业，即装船作业。出口集装箱箱区的取箱操作是集装箱装船作业中的重要环节，取箱操作是指当集装箱船抵港后，待装船集装箱由出口集装箱箱区移至堆场内集卡，由集卡运送至岸边交由岸桥装船的过程。进行取箱操作时，也会出现压箱导致额外的倒箱作业现象。因此，在该环节中，为减少倒箱量，通常需要对龙门吊的取箱顺序及其工作计划进行优化。

　　目前，集装箱堆场中普遍使用轨道式龙门吊进行集装箱的取箱作业，轨道式龙门吊的跨距可达 13 栈，堆垛高度可达 9 层。在堆场中，为将一个集装箱装至船上，轨道式龙门吊移动到目标贝将集装箱吊起，再移动到箱区一侧的目标集卡上方，将集装箱卸到集卡上。集卡将集装箱运至岸边后，岸桥将集装箱吊起装到船上。一台轨道式龙门吊上有一台小车，若小车上只装有一个吊具，则称为单吊轨道式龙门吊，如图 8.1（a）所示；若轨道式龙门吊小车上装有两个或两个以上吊具，则称为多吊轨道式龙门吊，如图 8.1（b）所示。实践中为了加快装卸速度，缩短船舶的在港时间，堆场一般配备多台轨道式龙门吊同时进行作业，如图 8.1（c）所示。

　　因此，根据一台小车上吊具数量及堆存区域中轨道式龙门吊数量的不同，可将取箱问题划分为以下三种：①单台单吊轨道式龙门吊取箱问题；②单台多吊轨道式龙门吊取箱问题；③两台单吊轨道式龙门吊取箱问题。

　　本章主要解决上述这三个问题，方法及步骤如下。

　　首先，在一定范围的出口集装箱堆存区域内，已知堆存区域中集装箱的数量、贝数量、每一贝的栈数、可容许的最大堆垛高度、集装箱的装船顺序的情况下，以最小化取箱作业过程中的倒箱量与轨道式龙门吊工作时间为目标，开发了单台

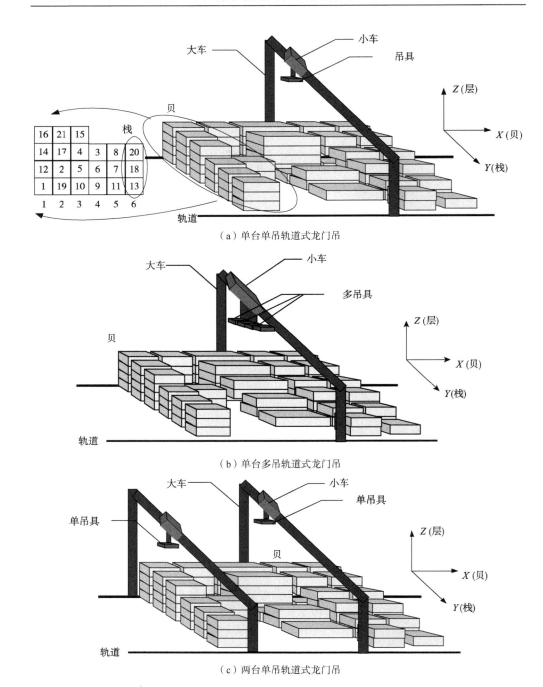

（a）单台单吊轨道式龙门吊

（b）单台多吊轨道式龙门吊

（c）两台单吊轨道式龙门吊

图 8.1　轨道式龙门吊

单吊轨道式龙门吊取箱问题的启发式求解算法。其次，在单台单吊轨道式龙门吊取箱问题的启发式求解算法的基础上，进一步寻求吊具分配方法以解决单台多吊轨道式龙门吊取箱问题。最后，针对两台单吊轨道式龙门吊取箱问题，制定轨道式龙门吊取箱分配规则，将原来由一台轨道式龙门吊执行的取箱序列分配给两台进行，并运用模拟的方法求得两台轨道式龙门吊完成其所负责集装箱移动动作所需的时间。

第一节　取箱问题相关概念描述

为了便于问题描述并基于现场实际，本节做出如下约定。

（1）集装箱装船顺序已知。

（2）所有集装箱尺寸相同。

（3）轨道式龙门吊可以夹着集装箱在不同的栈间移动。

（4）取箱作业开始后，不会有其他集装箱进入堆存区域。

本节应用以下步骤求解单台单吊轨道式龙门吊取箱问题：首先，采用启发式规则生成取箱序列；其次，将取箱序列构建成最短路径模型；最后，通过求解最短路径，获得轨道式龙门吊移动时间最少的取箱序列。

一、取箱序列

将集装箱由某一栈夹起或在某一栈放下的过程称为取箱动作。一个取箱动作可通过箱号、栈号、动作类型三个要素进行定义。箱号，用集装箱的装船顺序由 1 依次表示。栈号，指由 1 开始，对所有贝的所有栈逐次连续编号，若每一个贝包含 12 栈，则第一个贝的栈编号为 1~12，第二个贝的栈编号为 13~24，以此类推，0 栈代表将集装箱运至岸边的集卡。动作类型分为两种，第一种为夹起集装箱，用字母 U 表示，第二种为放置集装箱，用字母 D 表示。例如，(x,m,U) 表示将编号 x 的集装箱在 m 栈夹起，(x,n,D) 表示将编号 x 的集装箱放置在 n 栈，$(x,0,D)$ 表示将编号 x 的集装箱放置在集卡上。

多个取箱动作组成的序列称为取箱序列。一个取箱序列若包含以下 6 种情况中的任意一种，即为不可行序列。

（1）某栈执行某集装箱的夹起动作时，该集装箱并未存放在该栈中。

（2）执行某集装箱的夹起动作时，该集装箱上方有阻塞箱。

（3）执行夹起动作时吊具已满。

（4）某栈执行某集装箱的放置动作时，该栈已达到最大额定高度。

（5）执行某集装箱的放置动作时，吊具上没有这个集装箱或吊具是空的。

（6）编号较大的集装箱比编号较小的集装箱早搬离堆存区域。

二、移动次数下界值

本节研究的取箱问题是将所有出口集装箱搬离堆存区域，由于每一个集装箱均有一组取箱动作是将其由堆垛栈移至集卡，所以这种取箱动作的组数与集装箱的总数是相等的。若集装箱 a 堆放在较晚出场的集装箱 b 的下方，则集装箱 b 除了有移至集卡的动作外，至少会有一组取箱动作使其移至其他栈暂存，因此，集装箱 b 的倒箱量的下界值为 1，集装箱 b 在整个取箱序列中至少有两组取箱动作。若取箱序列的长度为集装箱的移动次数，则显然，移动次数的下界值等于集装箱总数与所有集装箱倒箱量下界值之和。

图 8.2（a）为一个 3 栈的贝，贝内共有 6 个集装箱。由于不存在压箱现象，所以只需要 6 个取箱动作就可以将所有集装箱取出。而在图 8.2（b）中，集装箱 1 可以直接取出，但在取集装箱 2 之前，必须先将集装箱 4 移动至其他栈暂存，其他集装箱方可直接取出，因此，所有集装箱的倒箱量下界值的总和为 1，移动次数下界值为 7。

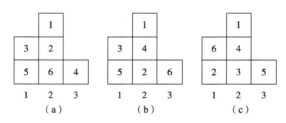

图 8.2　移动次数举例

移动次数下界值的计算并不复杂，因为压住其他集装箱的集装箱倒箱量均用 1 计算，但是在某些情况下，倒箱量必定会大于 1。如图 8.2（c）所示，根据本节方法计算出的移动次数下界值为 8，但是在取出集装箱 2 之前，必须先移走集装箱 6，而此时若将集装箱 6 移至栈 2，将压住集装箱 3；若将集装箱 6 移至栈 3，则会压住集装箱 5。因此，无论做出何种决策，移动集装箱 6 势必会导致另外一次倒箱，因此集装箱 6 的实际倒箱量下界值为 2，即真正的移动次数下界值为 9，较本节方法所估计的移动次数下界值高。

三、工作时间

轨道式龙门吊的工作时间指轨道式龙门吊根据取箱序列依次移动每个集装箱所需的作业时间之和。轨道式龙门吊移动每个集装箱包含以下 8 个子动作。

（1）大车由原本所在贝移至目标箱所在贝。

（2）小车由原本所在栈移至目标箱所在栈。

（3）空吊具由最高点垂直下移。

（4）吊具锁定后夹着集装箱垂直上移至最高点。

（5）大车由目前所在贝移至所搬集装箱待存放贝。

（6）大车由目前所在栈移动至所搬集装箱待存放栈。

（7）吊具夹着集装箱由最高点垂直下移。

（8）吊具释放集装箱后垂直上移至最高点。

本节假设在作业开始时，轨道式龙门吊的大车位于第 1 个贝，小车位于第 1 个栈，吊具在最顶端。集卡可停驻在每一个贝第 1 个栈的左侧。新型的轨道式龙门吊可在负载集装箱的状态下移动大车，但本节假设大车、小车、吊具不可同时移动。因此，轨道式龙门吊在作业时需要先移动大车，大车定位后再移动小车，小车定位后再移动吊具，吊具作业时会上移至最顶端。假设吊具上移高度为堆垛区域可容许的最大高度加 1，大车加减速时间损失为 40 秒。

第二节　单台单吊轨道式龙门吊取箱问题

一、基于取箱序列决策树的启发式算法

首先，本节运用启发式算法取得单台单吊轨道式龙门吊取箱序列，算法定义符号如下。

N：堆存区域中集装箱的初始数量。

S：堆存区域中栈的总数。

H：栈的最大额定高度。

a_n：编号为 n 的目标箱，$n \in \{1, 2, \cdots, N\}$。

$s(a_n)$：a_n 所在栈的编号，$s(a_n) \in \{1, 2, \cdots, S\}$。

$\text{top}(s)$：位于栈 s 顶端的集装箱的编号，若栈 s 中没有集装箱，则 $\text{top}(s) = N + 1$。

$b_n = \text{top}[s(a_n)]$：位于 $s(a_n)$ 最上层的集装箱。

$\min(s)$：栈 s 中集装箱的最小编号。

$U = \{s \mid s \in S, \min(s) > b_n\}$：符合 $\min(s) > b_n$ 的栈组成的集合。

$\alpha = \underset{i \in S \setminus \{s(a_n)\}}{\arg\max}[\min(i)]$：堆存区域内除 $s(a_n)$ 以外的任一栈中，$\min(i)$ 最大的栈记为 α 栈。

$\beta = \underset{i \in U}{\arg\min} \big[\min(i) \big]$：集合 U 中 $\min(i)$ 最小的栈记为 β 栈。

$E(s)$：栈 s 空的箱位数，$E(s) \in \{1, 2, \cdots, H\}$。

$\mathrm{OBT}(a_n)$：a_n 的阻塞箱组成的集合。

ST：满足编号大于 b_n、位于除栈 s 之外的栈的最上层、比 $\min(s)$ 小 5 号以内 $\big[\min(s) - 6 < k < \min(s) \big]$ 的阻塞箱的集合[①]。

st：集合 ST 中编号最大的集装箱。

令 a_n 为下一个要提取的集装箱，产生取箱序列时，若 a_n 在 $s(a_n)$ 的最上层，则将 a_n 直接搬至集卡上。否则，需将该栈最上层所有集装箱依序移动至其他栈暂存，取箱序列决策树如图 8.3 所示。

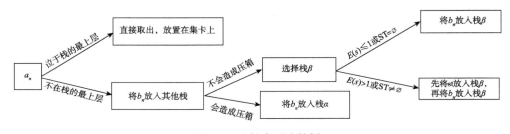

图 8.3　取箱序列决策树

为最上层集装箱 b_n 选择暂存栈 s 时会有两种不同情况。

第一类为 $\min(s) > b_n$，即将 b_n 放入栈 s 中，不会产生更多的压箱现象。若存在多个该类型的栈，则选择 $\beta = \underset{i \in U}{\arg\min} \big[\min(i) \big]$，使 b_n 尽可能接近栈 β 中最小的集装箱编号，以避免占用编号大于 b_n 的集装箱选择暂存栈的概率。若存在栈 β，且该栈在纳入 b_n 前有多个空储位，则检查是否存在集装箱 ST 可充分利用该储位。

检查条件如下：①集装箱 ST 压住了比其较早出场的集装箱；②ST $> b_n$；③集装箱 ST 位于某栈的最上层；④集装箱 ST 比栈 β 中编号最小的集装箱的编号小 5 号以内。

若集装箱 ST 同时满足上述 4 个条件，则其在出场之前必须先被移动至其他栈暂存。将集装箱 b_n 移至栈 β 之前，先将集装箱 ST 移至栈 β，并不会增加移动次数，而提前对集装箱 ST 进行该操作，可以避免未来无法搜索到适当的堆存栈的情

① ST 中有"比 $\min(s)$ 小 5 号以内"的阻塞箱的原因：轨道式龙门吊的最大堆存高度为 9 层，但在实际作业中为方便倒箱一般最多堆码至 6 层，要求"比 $\min(s)$ 小 5 号以内"，将符合要求的阻塞箱的个数约束至 5 个以内，从而保证可选择的阻塞箱的箱号尽可能接近 $\min(s)$，在最终堆存高度不超过实际堆存高度的情况下避免二次倒箱。

况发生。若有一个以上的集装箱满足上述 4 个条件，则按照 ST 编号由大到小的顺序放入栈 β，直至将所有 b_n 放入栈 β 或栈 β 无空储位为止。

第二类为 $\min(s) < b_n$。在该种情况下，将 b_n 移至任一栈均会产生额外的压箱现象。因此，应选择将 b_n 放入后对整体取箱作业影响最小的栈。若 b_n 在暂存栈中压住的集装箱编号越大，则 b_n 的下一次移动就越晚发生，对其他集装箱的提取影响就越小。因此，选择 $\alpha = \underset{i \in S \setminus \{s(a_n)\}}{\arg\max} \left[\min(i) \right]$ 作为 b_n 的暂存栈。随着装船进度的推进，堆存区域中的集装箱会越来越少，因此若集装箱 b_n 的下一次移动越晚发生，且有使集装箱 b_n 与暂存的栈 s 中编号最小的集装箱编号尽量接近的规则，使得能够更有效地利用贝中的每一个箱位，更有利于集装箱 b_n 寻找下一个暂存栈时不再产生额外的压箱现象。

以下举例说明取箱序列的产生方法。假设集装箱堆场某贝共有 6 栈，最大额定高度为 6 层，堆存有 12 个集装箱，其初始堆存状态如图 8.4 所示。

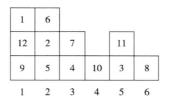

图 8.4　初始堆存状态

利用上述启发式算法,可得取箱序列为: $(1,1,U)$, $(1,0,D)$, $(7,3,U)$, $(7,6,D)$, $(6,2,U)$, $(6,6,D)$, $(2,2,U)$, $(2,0,D)$, $(11,5,U)$, $(11,4,D)$, $(3,5,U)$, $(3,0,D)$, $(4,3,U)$, $(4,0,D)$, $(5,2,U)$, $(5,0,D)$, $(6,6,U)$, $(6,0,D)$, $(7,6,U)$, $(7,0,D)$, $(8,6,U)$, $(8,0,D)$, $(12,1,U)$, $(12,2,D)$, $(9,1,U)$, $(9,0,D)$, $(11,4,U)$, $(11,2,D)$, $(10,4,U)$, $(10,0,D)$, $(11,2,U)$, $(11,0,D)$, $(12,2,U)$, $(12,0,D)$。

集装箱 1 位于栈 1 的最上层，因此可直接被移至集卡。而欲提取集装箱 2，需先将集装箱 6 移至其他栈堆存。在搜索集装箱 6 的暂存栈时，可找到集装箱 6 移入后不会产生更多压箱现象的栈，包括栈 1、栈 4 及栈 6。为使集装箱 6 与暂存栈中编号最小的集装箱编号尽量接近，最终选择栈 6 作为暂存栈。将集装箱 6 移至栈 6 前，需检查堆存区域中是否有集装箱可以先被移至栈 6 而不增加总的移动次数，且可利用栈 6 中的箱位，易知集装箱 12、集装箱 7 与集装箱 11 均压住了比其自身出场顺序早的集装箱，其中集装箱 7 符合该条件，因此，先将集装箱 7 移至栈 6，接着将集装箱 6 移至栈 6，并将集装箱 2 移至集卡上。

在提取集装箱 3 时，由于其被集装箱 11 压住，所以需将集装箱 11 移至其他栈暂存。搜索集装箱 11 的暂存栈时，发现集装箱 11 移至任意一栈，均会导致更多的压箱现象，若选择集装箱 11 移入后所压住的集装箱的编号越大的栈，则集装箱 11 下一次移动会越晚发生，对其他集装箱的移动影响也会越小，因此选择栈 4。以此类推，将集装箱 4 至集装箱 12 依序取出。

二、构建最短路径模型

本节将第一节产生的取箱序列构建成最短路径模型，通过求解最短路径以减少轨道式龙门吊移动时间。

将一个集装箱由栈 a 移动至栈 b 需要两个取箱动作 (x,a,U) 与 (x,b,D)，其共同组成一组集装箱取箱动作。每次执行一组集装箱移动动作后，堆存区域的状态会改变，而随着移动动作的推进，堆存状态会不断改变。

本节以一个网络图表示取箱序列，节点表示经过此前一系列取箱动作之后所形成的箱区堆存状态，边表示轨道式龙门吊进行空车移动及集装箱移动所消耗的时间。由于取箱序列中集装箱的取箱动作存在先后关系，即前一个集装箱取箱动作结束后，方可执行下一个集装箱的取箱动作，其所形成的网络是一个无圈网络，故其拓扑排序必定存在。

图 8.5 是根据第一节所举实例中的取箱序列构成的网络图。节点 1 代表堆存区域的初始堆存状态（如图 8.4 所示），节点 2 代表初始堆存状态经过 $(1,1,U)$，$(1,0,D)$ 的集装箱取箱动作之后所呈现的状态，节点 3 代表节点 2 的状态经过 $(7,3,U)$，$(7,6,D)$ 的集装箱取箱动作之后所呈现的状态，之后的节点以此类推，节点 18 代表执行完毕整个取箱序列后的箱区堆存状态。

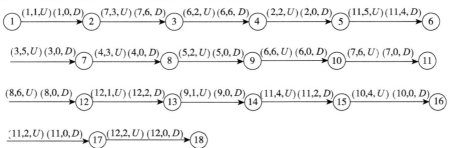

图 8.5　初始取箱序列构成的网络图

将集装箱堆场由一种堆存状态转化为另一种堆存状态的取箱动作并不是唯一的，而这些动作与本节产生的取箱序列中一连串的集装箱取箱动作所形成的节点和边被称为替代路径。

图 8.6 是以图 8.5 为基础产生的两条替代路径构成的网络图。

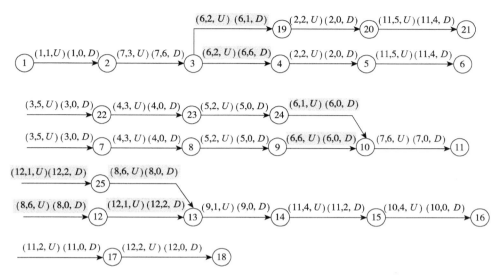

图 8.6　备选取箱序列构成的网络图

在原本的取箱序列中, 集装箱 6 由栈 2 移至栈 6, 之后移至集卡上。若改成将集装箱 6 由栈 2 移至栈 1, 之后移至集卡, 也可将箱区由节点 3 代表的状态转化为节点 10 代表的状态, 由此产生一条替代路径 3,19,20,21,22,23,24,10。此外, 将 $(8,6,U)$, $(8,0,D)$ 与 $(12,1,U)$, $(12,2,D)$ 这两组取箱动作交换顺序, 同样可将箱区由节点 11 代表的状态转化为节点 13 代表的状态, 由此产生另外一条替代路径 11,25,13。

一般地, 替代路径可通过以下几种方法获得。

（1）调换两组集装箱取箱动作的顺序。两组集装箱取箱动作包含 4 个栈, 若这 4 个栈均不相同, 则该两组取箱动作可以组为单位做调换。

（2）寻找替代栈。现假设集装箱取箱动作为 (x,m,U), (x,n,D); $\cdots$; (x,n,U), (x,s,D), 集装箱 x 的两组取箱动作之间夹着若干其他集装箱的取箱动作。若在这一系列的取箱动作中, 栈 t 没有被使用到, 且集装箱 x 移入栈 t 后不会造成压箱现象, 则上述取箱动作可以变换为 (x,m,U), (x,t,D); $\cdots$; (x,t,U), (x,s,D)。

（3）将取箱动作向前移动。这种方法适用于单个集装箱拥有两组以上取箱动作的情况。假设集装箱 x 拥有 (x,m,U), (x,n,D) 与 (x,n,U), (x,s,D) 两组取箱动作, 但有 (y,p,U), (y,q,D) 镶嵌其中, 即序列为: (x,m,U), (x,n,D); $\cdots$; (y,p,U), (y,q,D); (x,n,U), (x,s,D)。(x,n,U), (x,s,D) 与 (y,p,U), (y,q,D) 用到的栈不同, 因此可将 (x,n,U), (x,s,D) 移至 (y,p,U), (y,q,D) 之前。如此持续将 (x,n,U), (x,s,D) 向前移动, 直到遇到与其所用栈相同的某一组取箱动作或遇到

该集装箱的前一组取箱动作 (x,m,U) ， (x,n,D) 为止。

（4）将取箱动作向后移动。这与方法（3）基本相同，仅搜索方向相反。

（5）将单一动作向前移动。这种方法适用于单个集装箱只有一组移至集卡的取箱动作的情况。假设集装箱 x 只有 (x,k,U) ， $(x,0,D)$ 一组取箱动作，即可将集装箱 x 由栈 k 直接移至集卡，若与其前一组集装箱的取箱动作没有用到相同的栈，且编号小于 x 的集装箱均已移动出场，则将 (x,k,U) ， $(x,0,D)$ 向前移动。

（6）将单一动作向后移动。这与方法（5）基本相同，仅搜索方向相反。

图 8.6 中的替代路径 $3,19,20,21,22,23,24,10$ 是利用方法（2）产生的，替代路径 $11,25,13$ 则是利用方法（1）产生的。

利用上述 6 种方法可以产生许多替代路径，通过求解最短路径，可获得移动时间最短的取箱序列。

第三节　单台多吊轨道式龙门吊取箱问题

第二节给出了单台单吊轨道式龙门吊取箱问题的启发式求解算法，本节将基于该算法，探索适用于单台多吊轨道式龙门吊取箱问题的求解思路，即吊具分配启发式规则。

目前多吊具的岸桥已经被广泛应用于集装箱码头实务中，而少数较为先进的集装箱码头也已采用装有 2 个或 2 个以上吊具的轨道式龙门吊进行作业，在效率逐步成为衡量港口竞争力的大环境下，可以预期，未来多吊轨道式龙门吊将成为发展趋势。

由于多吊轨道式龙门吊的一台小车上有多个吊具，轨道式龙门吊在夹起一个集装箱后不需要立刻将集装箱放到特定的栈，可使集装箱随吊具移动到其他栈执行其他集装箱移动动作，到合适的时间点再将该集装箱放下。因此针对同一个集装箱，不需要连续完成一次完整移动动作 (x,m,U) 和 (x,n,D) ，即在完成 (x,m,U) 后不必紧接着执行 (x,n,D) 。

处理单台多吊轨道式龙门吊取箱问题时，以前文中单台单吊轨道式龙门吊取箱序列为基础，每次通过两个集装箱移动动作的交换之后，计算一次移动时间，若新的取箱序列是可行的，且移动时间较原来的取箱序列少则接受该交换，否则放弃该交换。若取箱序列中出现第一节中取箱序列 6 种情况之一即不可行序列。

由于有多个吊具，夹起的集装箱无须立刻被放置在特定的堆垛栈，可以由吊具夹着，到其他栈执行其他集装箱的移动动作，待合适的时间点再被放下，以减少移动时间。若一个集装箱被放在某栈后又立刻被夹起，则这两个集装箱的移动动作可以删除，在这种情况下便可以减少移动次数。

将第二节所得取箱序列利用上述方法分配给两个吊具，可以得到新的取箱序列：$(1,1,U)$，$(1,0,D)$，$(6,2,U)$，$(7,3,U)$，$(7,6,D)$，$(6,6,D)$，$(2,2,U)$，$(2,0,D)$，$(11,5,U)$，$(3,5,U)$，$(11,4,D)$，$(4,3,U)$，$(3,0,D)$，$(4,0,D)$，$(5,2,U)$，$(6,6,U)$，$(5,0,D)$，$(6,0,D)$，$(7,6,U)$，$(8,6,U)$，$(7,0,D)$，$(8,0,D)$，$(12,1,U)$，$(9,1,U)$，$(9,0,D)$，$(12,2,D)$，$(11,4,U)$，$(10,4,U)$，$(10,0,D)$，$(11,2,D)$，$(11,2,U)$，$(12,2,U)$，$(11,0,D)$，$(12,0,D)$。其中集装箱 11 由栈 4 被吊起后，移至栈 2 暂存，又立即在栈 2 被吊起，因此，可将 $(11,2,D)$，$(11,2,U)$ 两个移动动作删除，使得集装箱 11 由一个吊具在栈 4 吊起后不被放下，另一个吊具持续工作，之后将其直接放到集卡上，如此可减少取箱移动次数与工作时间。

第四节　两台单吊轨道式龙门吊取箱问题

一、取箱分配规则

若作业区域内有两台大小相同、共用轨道的轨道式龙门吊，应将原由一台轨道式龙门吊执行的取箱序列分配给两台进行，且作业时需遵守以下规则。

（1）避免碰撞。为安全考虑，两台轨道式龙门吊必须保持一定的距离，以避免碰撞。在实际作业中，两台轨道式龙门吊至少保持一个贝的距离。

（2）顺次移动。由于两台轨道式龙门吊大小相同且共用轨道，两者不可能互相穿越或从两侧绕行，所以两台轨道式龙门吊必须依序移动。

处理单吊轨道式龙门吊 A 与单吊轨道式龙门吊 B 的取箱问题时，可先利用第二节中的方法产生单台单吊轨道式龙门吊取箱序列。若轨道式龙门吊 A 欲将集装箱放到轨道式龙门吊 B 的另一侧时，轨道式龙门吊不可能互相跨越且至少距离一个贝，故轨道式龙门吊 B 必须配合后退，使得轨道式龙门吊 A 得以进入指定贝作业。然而并非所有情况下均可通过该种方法运作。

例如，图 8.7 所示的堆存区域内有 8 个贝，若由轨道式龙门吊 A 将集装箱由第 1 个贝的栈 X 移动至第 7 个贝的栈 Y，将导致轨道式龙门吊 B 无处可退，从而发生两台轨道式龙门吊占据相邻贝的违规情况。因此，为了避免产生的取箱序列中包含会导致两台轨道式龙门吊必定违反至少相距一个贝的距离且不可互相跨越等规则的情况发生，在产生取箱序列时，需加入一项额外的约束条件：假设堆存区域有 m 个贝，则位于第 1 个、第 2 个贝的集装箱不能移至第 $m-1$、第 m 个贝堆存；反之，位于第 $m-1$、第 m 个贝的集装箱也不能移至第 1 个、第 2 个贝堆存。故将堆存区域切割成前后两个区域，前半部分由轨道式龙门吊 A 负责，后半部分由轨道式龙门吊 B 负责。若堆存区域中贝的个数为奇数，则第 $(m+1)/2$ 个贝由轨道式龙门吊 A 负责，即轨道式龙门吊 A 比轨道式龙门吊 B 多负责一个贝。

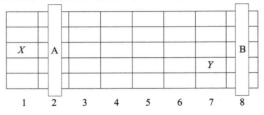

图 8.7　违反规则的取箱序列示意图

将运用第二节的启发式算法及上述约束条件生成的单台单吊轨道式龙门吊取箱序列，按照以下原则分配给轨道式龙门吊 A 与轨道式龙门吊 B。

（1）将集装箱由一处移至另一处需要两个动作 (x,a,U) 与 (x,b,D)。若栈 a 或栈 b 位于第 1 个或第 2 个贝，则 (x,a,U) 与 (x,b,D) 由轨道式龙门吊 A 执行；若栈 a 和栈 b 中的任意一个栈位于第 $m-1$ 或第 m 个贝，则 (x,a,U) 与 (x,b,D) 由轨道式龙门吊 B 执行。

（2）若没有出现（1）中描述的情形，则根据集装箱的起始贝决定操作由何台轨道式龙门吊执行。

假设某堆存区域有 6 个贝，每个贝内排列 3 栈，栈的最大额定堆存高度为 6 层，共堆存 10 个集装箱，如图 8.8 所示。运用第二节的启发式算法及上述约束条件生成的单台单吊轨道式龙门吊取箱序列为：$(1,3,U)$，$(1,0,D)$，$(2,11,U)$，$(2,0,D)$，$(3,7,U)$，$(3,0,D)$，$(4,17,U)$，$(4,0,D)$，$(5,13,U)$，$(5,0,D)$，$(6,2,U)$，$(6,0,D)$，$(9,9,U)$，$(9,5,D)$，$(7,9,U)$，$(7,0,D)$，$(8,18,U)$，$(8,0,D)$，$(9,5,U)$，$(9,0,D)$，$(10,5,U)$，$(10,0,D)$。

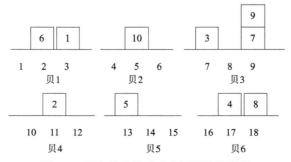

图 8.8　两台单吊轨道式龙门吊取箱举例

将该取箱序列按以上原则分配给轨道式龙门吊 A 与轨道式龙门吊 B，则轨道式龙门吊 A 执行 $(1,3,U)$，$(1,0,D)$，$(3,7,U)$，$(3,0,D)$，$(6,2,U)$，$(6,0,D)$，$(9,9,U)$，$(9,5,D)$，$(7,9,U)$，$(7,0,D)$，$(9,5,U)$，$(9,0,D)$，$(10,5,U)$，$(10,0,D)$；轨道式龙门吊 B 执行 $(2,11,U)$，$(2,0,D)$，$(4,17,U)$，$(4,0,D)$，$(5,13,U)$，$(5,0,D)$，$(8,18,U)$，$(8,0,D)$。

二、取箱时间的模拟方法

将取箱序列分配给两台轨道式龙门吊后，利用模拟方法求得两台轨道式龙门吊完成其所负责集装箱移动动作所需的时间。将轨道式龙门吊离开起始位置的时间点记为 0 秒，即整个过程由第 0 秒开始。本节假设在取箱作业开始时，轨道式龙门吊 A 的大车在第 1 贝，小车在第 1 栈，吊具在最顶端；轨道式龙门吊 B 的大车在第 $m/2+1$ 贝（贝的数量为偶数）或 $(m+1)/2+1$ 贝（贝的数量为奇数），小车在该贝的第 1 个栈，吊具在最顶端。

模拟前需将轨道式龙门吊所分配到的每一个取箱动作细分为三个任务。

1. 大车推进一个贝

在两台单吊轨道式龙门吊取箱问题中需考虑两台轨道式龙门吊需遵守至少相距一个贝的距离及不可互相穿越的限制，因此需要着眼于轨道式龙门吊在执行每一个集装箱取箱动作的不同阶段所占据的贝，所以在前文第一节"工作时间"中说明计算轨道式龙门吊工作时间的子动作 1 与子动作 5，细分为一次推进一个贝。轨道式龙门吊每一次推进至第 1 个贝时，大车的加减速时间损失假设为 20 秒，最后推进至欲移动的集装箱所在的贝或推进至欲堆存的贝时，大车的加减速时间损失亦设为 20 秒。

2. 小车移动定位

小车及吊具在作业时所占据的贝并不会改变，因此步骤 2 中小车的移动是一次到位，子动作 6 亦同。

3. 吊具夹起或放下集装箱

在子动作 3 及子动作 4 中，吊具是一次推进，子动作 7 与子动作 8 亦同。

在进行取箱操作时，以下两种情况将不被执行。

（1）编号较大的集装箱比编号较小的集装箱提前被搬离堆存区域。

若某时刻吊具的工作是将集装箱放置在集卡上，而此时尚有编号更小的集装箱未出场，则该操作不能执行。

例如，轨道式龙门吊 A 负责执行 $(1,3,U)$，$(1,0,D)$，轨道式龙门吊 B 负责执

行 $(2,11,U)$，$(2,0,D)$，由于集装箱 1 必须比集装箱 2 早出场，轨道式龙门吊 B 必须等轨道式龙门吊 A 将集装箱 1 移动至集卡之后，才可将集装箱 2 移动至集卡。

（2）推进某一操作会改变某一栈集装箱的进出顺序。

吊具在某栈吊起或放下集装箱前，应确认涉及该栈且必须在目前操作之前执行的吊起或放下操作是否已经完成，若尚未完成，则该操作不能被执行。

假设一个取箱序列中有两个集装箱取箱动作 $(17,a,U)$ 及 $(24,a,D)$，这两个取箱动作之前存在不涉及栈 a 的动作，图 8.9 表示由一台轨道式龙门吊执行 $(17,a,U)$、$(24,a,D)$ 时，栈 a 的状态变化。现将取箱序列分配给两台轨道式起重机，$(17,a,U)$ 由轨道式龙门吊 A 负责，$(24,a,D)$ 由轨道式龙门吊 B 负责。若轨道式龙门吊 B 先将集装箱 24 放入栈 a，则集装箱 24 将压住集装箱 17，导致轨道式龙门吊 A 无法将集装箱 17 由栈 a 取出，如图 8.10 所示。因此，轨道式龙门吊 B 必须等待轨道式龙门吊 A 执行完 $(17,a,U)$ 后，才能执行 $(24,a,D)$。

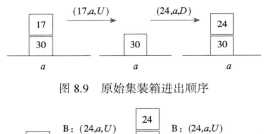

图 8.9　原始集装箱进出顺序

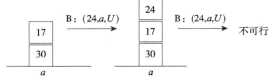

图 8.10　集装箱进出顺序被改变

发生上述操作不能被执行的情况时，负责该操作的轨道式龙门吊必须等待，直到该情况被解除。轨道式龙门吊的等待，是指需要等待的轨道式龙门吊的时间点等于另一台轨道式龙门吊完成的时间点加上 0.1 秒，在下一任务开始时，另外一台轨道式龙门吊的时间点较早，因此会推进另一台所负责的取箱任务。

模拟时，两台轨道式龙门吊顺次执行所分配到的取箱序列，以前一个子工作执行完毕的时间点来决定推进哪一台轨道式龙门吊。令 t_a 为轨道式龙门吊 A 完成前一个子工作的时间点，令 t_b 为轨道式龙门吊 B 完成前一个子工作的时间点。若 $t_a \leqslant t_b$，且轨道式龙门吊 A 的操作是可以执行的，则推进轨道式龙门吊 A，否则，推进轨道式龙门吊 B。

每次推进前先检查推进后两台轨道式龙门吊之间是否有至少一个贝的安全距离。若存在安全距离，则推进；否则，令上一个任务完成的时间点较晚的轨道式龙门吊做退让，即令前一个子工作完成较早的轨道式龙门吊前进，同时，较晚的轨道式龙门吊后退，并将原本在执行的操作后延。

采取令上一个任务完成的时间点较晚的轨道式龙门吊做退让的方法，是由于若令上一个任务完成的时间点较早的轨道式龙门吊做退让，有可能发生"死结"的情况，其原因是上一个任务完成的时间点较晚的轨道式龙门吊原本就处于无法执行任务的情形，因此选择让上一个任务完成的时间点较早的轨道式龙门吊做退让，而另一台无法执行时，会出现相互等待的状况。另外，若上一个任务完成的时间点较早的轨道式龙门吊的任务为两个不能执行的情况之一时，亦会发生"死结"，即两台轨道式龙门吊互相等待，解决方法为改成推进上一个任务完成的时间点较晚的轨道式龙门吊。

第五节　数值实验与分析

本节针对不同类型的取箱问题进行了测试，使用 Lee Y 和 Lee Y J 的方法[113]，将随机产生集装箱堆存区域的初始堆存状态作为数值例进行实验，如表 8.1 所示。其中，数值例 R011606_0070_001、R041606_0280_001、R061606_0430_001 及 R101606_0720_001 的初始堆存状态与 Lee Y 和 Lee Y J[113]使用的数值例完全相同。

表 8.1　数值例一览表

数值例编号	贝数/个	栈数/个	高度/层	实际箱量/个	堆存区域利用率
D010606_0012_002	1	6	6	12	33%
R011606_0070_001	1	16	6	70	73%
R060306_0010_001	6	3	6	10	9%
R101606_0720_001	10	16	6	720	75%
R101606_0816_001	10	16	6	816	85%
R101606_0864_001	10	16	6	864	90%
R200806_0720_001	20	8	6	720	75%
R301606_2160_001	30	16	6	2 160	75%

数值例由 6 部分构成：数值例编号、堆存区域贝的数量、每一个贝中栈的数量、栈的最大堆存高度、堆存区域集装箱的总数及堆存区域利用率。堆存区域利用率，即集装箱的实际堆存数量与区域堆存能力的比值。例如，R101606_0720_001

表示数值例名称为 R，该堆存区域共有 10 个贝，每一个贝中共 16 栈，最高可堆至 6 层，则其堆存能力为 960 个集装箱，而实际堆存 720 个集装箱，故堆存区域利用率为 75%。

本章运用 Visual C++ 6.0 编程，以 Microsoft Visual Studio 2008 进行编译，在 PC（英特尔酷睿 I5 CPU，4.0 GB 内存，2.50 GHz）上运行。本书假设堆存区域只堆存 20 尺集装箱，计算移动时间时，轨道式龙门吊大车的移动速度设为 4 米/秒，小车移动速度设为 2.5 米/秒，吊具在空夹状态下的移动速度设为 1 米/秒，有箱时的移动速度设为 0.5 米/秒，大车加减速时间损失设为 40 秒。

取箱问题的目标函数包括移动次数与轨道式龙门吊工作时间两部分，一般而言，移动次数较少时轨道式龙门吊工作时间也少，因此将移动次数赋予较重的权重。

求解最短路径及双吊轨道式龙门吊的求解终止条件为：达到未能持续减少轨道式龙门吊工作时间的循环次数，使得测试规模较小的堆存区域的求解可以尽早结束，而规模较大的数值例能有较多的循环次数。

一、单台单吊取箱实验

根据本书的数值例，在产生取箱序列时，只需执行一次循环，即可得到接近或等于移动次数下界值的取箱序列。每一个数值例的每一次循环均运用第二节获得替代路径的 6 种方法找出由取箱序列构建而成的网络中所有可能的替代路径，再通过求解最短路径，找出该循环中轨道式龙门吊工作时间最短的替代路径的组合，从而得到一个新的取箱序列。下一循环再利用新的取箱序列构建新的网络，并寻找新的替代路径，如此反复求解，直至满足终止条件。

首先，求解 D010606_0012_002，即以图 8.4 所示的数值例，求得移动次数下界值为 16，求解出的移动次数为 17。由于集装箱 11 的倒箱量至少为 2 次，故 17 次移动次数已经达到了下界值。轨道式龙门吊执行取箱操作耗时 1 698.99 秒；而通过求解最短路径，经过 502 次循环，可将工作时间缩短至 1 670.19 秒，缩短了 1.7%，求解时间只需 0.94 秒。

其次，以 R011606_0070_001 为例，求解出的移动次数比移动次数下界值多 7 次，轨道式龙门吊执行取箱操作耗时 9 956.43 秒，求解最短路径后可将工作时间缩短至 9 672.57 秒，缩短了 2.85%，求解时间为 2.28 秒。而运用文献[113]提出的算法，求解出的移动次数为 118 次，轨道式龙门吊工作时间为 10 832.20 秒，求解时间为 6 304.28 秒。对比可知，本节算法所求出的取箱序列移动次数较文献[113]少了 11 次，求解时间为其 1/2 765。求解结果如表 8.2 所示。

表 8.2　数值例 R011606_0070_001 单吊求解结果

求解方法	移动次数下界值/次	循环数/次	求解时间/秒	移动次数/次	工作时间/秒	移动平均耗时/秒
取箱序列	100	1	0.62	107	9 956.4	93.05
最短路径	100	506	2.28	107	9 672.6	90.40
文献[113]	100	658 151	6 304.28	118	10 832.2	91.80

表 8.3 为数值例 R101606_0720_001 的求解结果。由表 8.3 中数据可知，求解出的移动次数等于移动次数下界值。轨道式龙门吊执行取箱序列所需的时间为166 306 秒，利用求解最短路径可将工作时间减少为 147 986 秒，改善了 11%，求解时间为 285.75 秒。与现有研究的求解结果对比可知，运用本章提出的算法求解出的取箱序列的移动次数较文献[113]少 56 次，而求解时间为其耗时的 1/73。

表 8.3　数值例 R101606_0720_001 单吊求解结果

求解方法	移动次数下界值/次	循环数/次	求解时间/秒	移动次数/次	工作时间/秒	移动平均耗时/秒
取箱序列	1 107	1	30.51	1 107	166 306.0	150.23
最短路径	1 107	600	285.75	1 107	147 986.0	133.68
文献[113]	1 107	60 779	20 753.88	1 163	173 205.5	148.93

最后，将文献[113] Table.1[①]中的 50 个数值例运用本章算法进行求解，并与文献[113]的结果进行对比，如表 8.4 所示。由表 8.4 中前 20 行的数据可以看出，本章提出的算法在处理小规模问题（1~2 个贝以内）时，在移动次数、求解时间及轨道式龙门吊工作时间的求解表现上明显优于文献[113]的算法。

表 8.4　50 个数值例单吊求解结果

数值例编号	移动次数下界值/次	移动次数/次		求解时间/秒		工作时间/秒	
		最短路径	文献[113]	最短路径	文献[113]	最短路径	文献[113]
R011606_0070_001	100	107	118	2.28	6 304.28	9 672.6	10 832.2
R011606_0070_002	104	110	117	3.77	11 081.03	10 406.6	10 840.2
R011606_0070_003	104	104	110	1.87	5 501.92	9 913.2	10 326.2
R011606_0070_004	108	108	158	3.07	9 026.42	13 270.3	13 823.2
R011606_0070_005	106	112	124	2.26	9 107.97	10 926.8	11 405.8
R011608_0090_001	143	143	190	6.98	13 268.67	16 034.6	16 772.6
R011608_0090_002	139	139	191	5.86	11 134.63	16 208.1	16 883.4
R011608_0090_003	142	142	216	11.36	21 583.13	18 102.5	18 856.8
R011608_0090_004	143	143	178	3.71	7 042.38	15 284.9	15 921.8
R011608_0090_005	143	143	182	7.23	13 738.00	15 629.8	16 281.8
R021606_0140_001	208	208	228	9.96	21 579.89	20 857.0	21 771.4

---

① Table.1 指文献[113]中的 Table.1，即文献[113]中的表 1。由于文献[113]为英文文献，故此处写作 Table.1（同文献[113]）。

续表

数值例编号	移动次数下界值/次	移动次数/次		求解时间/秒		工作时间/秒	
		最短路径	文献[113]	最短路径	文献[113]	最短路径	文献[113]
R021606_0140_002	197	197	224	9.46	21 582.05	20 535.1	21 435.4
R021606_0140_003	211	223	247	9.53	21 581.51	22 232.9	23 207.6
R021606_0140_004	219	219	235	13.27	21 565.92	21 408.9	22 347.5
R021606_0140_005	210	210	217	10.79	21 588.39	20 335.3	20 985.9
R021608_0190_001	305	305	423	10.78	21 552.80	36 627.1	38 101.6
R021608_0190_002	309	309	359	10.76	21 527.84	32 214.5	33 511.4
R021608_0190_003	302	311	373	10.77	21 539.86	33 222.5	34 560.0
R021608_0190_004	303	303	351	11.32	21 498.59	31 494.3	32 762.2
R021608_0190_005	310	310	333	11.33	21 519.48	30 564.3	31 794.8
R041606_0280_001	439	439	502	173.84	21 493.97	44 119.5	49 074.6
R041606_0280_002	423	423	450	188.75	21 524.91	43 720.2	45 447.2
R041606_0280_003	415	419	450	179.30	21 515.48	43 455.6	45 172.1
R041606_0280_004	426	426	430	170.27	21 544.53	42 449.8	44 080.8
R041606_0280_005	431	431	439	188.87	21 531.67	42 850.8	44 543.4
R041608_0380_001	602	602	830	202.96	21 310.55	74 768.2	77 778.2
R041608_0380_002	617	617	804	175.49	21 058.70	74 071.5	77 053.5
R041608_0380_003	603	603	684	133.77	21 269.45	64 929.5	67 634.9
R041608_0380_004	614	614	755	133.24	21 317.80	69 913.5	72 932.9
R041608_0380_005	617	617	773	170.96	21 198.89	71 409.3	74 493.3
R061606_0430_001	660	660	765	189.53	21 453.19	66 462.0	78 282.4
R061606_0430_002	654	670	695	200.02	21 401.70	71 199.1	74 011.5
R061606_0430_003	656	656	698	199.39	21 334.25	70 763.4	73 558.6
R061606_0430_004	648	648	699	211.45	21 356.20	71 224.7	74 038.2
R061606_0430_005	660	660	701	198.59	21 248.64	71 553.0	74 534.4
R061608_0570_001	904	904	1 143	186.08	20 655.24	111 125.5	115 924.8
R061608_0570_002	897	897	1 353	190.60	21 156.92	124 227.9	129 593.1
R061608_0570_003	913	913	1 139	204.66	20 875.27	111 150.1	115 781.4
R061608_0570_004	902	910	1 242	188.43	20 915.81	117 832.2	122 614.2
R061608_0570_005	914	914	1 333	179.03	20 766.93	124 113.7	129 150.6
R081606_0570_001	869	869	924	206.64	21 283.80	99 003.5	103 128.6
R081606_0570_002	874	874	930	196.59	21 035.64	99 657.6	103 810.0
R081606_0570_003	891	891	981	192.95	21 224.41	102 785.0	107 515.7
R081606_0570_004	871	871	952	197.35	21 116.97	100 663.9	105 297.0

续表

数值例编号	移动次数下界值/次	移动次数/次		求解时间/秒		工作时间/秒	
		最短路径	文献[113]	最短路径	文献[113]	最短路径	文献[113]
R081606_0570_005	873	873	940	199.48	21 344.01	100 401.0	105 022.0
R101606_0720_001	1 107	1 107	1 163	285.75	20 753.88	147 986.0	173 205.5
R101606_0720_002	1 085	1 085	1 132	261.39	20 911.26	127 460.8	133 327.2
R101606_0720_003	1 102	1 102	1 225	263.67	21 093.99	134 731.9	140 933.0
R101606_0720_004	1 081	1 100	1 168	276.07	20 705.25	131 173.5	137 210.8
R101606_0720_005	1 085	1 085	1 158	334.83	20 759.42	129 564.4	135 527.6

以 R041606_0280_001 为例，轨道式龙门吊执行取箱序列耗时 47 065.2 秒，通过求解最短路径后可将工作时间缩短至 44 119.5 秒，节约了 6.3%，较文献[113]提出的算法节约了 10.1%；在移动次数上，通过求解最短路径后的求解结果与移动次数下界值相等，比文献[113]的结果少了 63 次。由表 8.4 的中间 20 行的数据可以看出，运用本章提出的算法处理中型规模问题（至多 6 个贝）时，所得运算结果优于文献[113]的算法。

以 R101606_0720_001 为例，轨道式龙门吊执行取箱序列的工作时间为 166 306.0 秒，通过求解最短路径后可将工作时间缩短至 147 986.0 秒，改善了 11%，且求解时间仅为文献[113]的 1/73，移动次数比文献[113]减少了 56 次。由表 8.4 的最后 10 行的数据可以看出，运用本章提出的算法处理大规模问题（6 个贝以上）时，求解结果均优于文献[113]的算法。

综上所述，本章提出的算法在处理 720 个集装箱以内的取箱问题时，无论在算法求解耗时还是在求解结果的表现上，所得运算结果均优于文献[113]。

文献[113]求解最大规模的问题为 10 贝、720 个集装箱的堆存情况，以下数值例 R101606_0816_001、R101606_0864_001、R200806_0720_001 及 R301606_2160_001 的规模均在其之上，因此仅将本章提出的算法涉及的取箱序列（A）与最短路径（B）做对比分析，如表 8.5 所示。

表 8.5　其他数值例单吊求解结果

数值例编号	移动次数下界值/次	循环次数/次		移动次数/次		求解时间/秒		工作时间/秒	
		A	B	A	B	A	B	A	B
R101606_0816_001	1 279	1	617	1 287	1 287	8.45	255.94	193 306.2	172 392.4
R101606_0864_001	1 359	1	621	1 384	1 384	8.79	286.05	207 666.0	185 619.5
R200806_0720_001	1 121	1	602	1 121	1 121	8.21	260.59	182 396.5	159 173.2
R301606_2160_001	3 321	1	898	3 321	3 321	322.73	8 540.06	616 130.2	515 086.0

数值例 R101606_0816_001 与 R101606_0720_001 的堆存区域大小相同,但其堆存区域利用率高达 85%,增加了求解难度,故结果中移动次数比移动次数下界值多了 8 次。轨道式龙门吊执行取箱序列的工作时间为 193 306.2 秒,通过求解最短路径可将时间缩短为 172 392.4 秒,改善了 10.8%,算法求解时间为 255.94 秒。

在数值例 R101606_0864_001 中,堆存区域利用率提升至 90%,轨道式龙门吊执行取箱序列的工作时间为 207 666.0 秒,通过求解最短路径可将时间缩短为 185 619.5 秒,改善了 10.6%,算法求解时间为 286.05 秒。

对于数值例 R200806_0720_001,轨道式龙门吊执行取箱序列的工作时间为 182 396.5 秒,通过求解最短路径可将时间缩短为 159 173.2 秒,改善了 12.7%,算法求解时间为 260.59 秒。

数值例 R301606_2160_001 涉及 30 个贝,每个贝内有 16 栈,共堆存 2 160 个集装箱。虽然规模较大,但由于倒箱时有较多的空栈可利用,故仍可求得较好的结果。移动次数等于移动次数下界值,轨道式龙门吊执行取箱序列的工作时间为 616 130.2 秒,通过求解最短路径可将时间缩短为 515 086.0 秒,改善了 16.4%,求解时间为 8 540.06 秒。

二、单台多吊取箱实验

两个集装箱移动动作的交换,可分为相邻两个动作交换及中间间隔一个动作的两个工作交换。同时使用相邻两个动作交换及中间间隔一个动作的两个工作交换或单独使用中间间隔一个动作的两个工作交换,其效果不如单独使用相邻两个动作交换。因此,以下数值例均采用相邻两个动作交换的方法处理两个集装箱移动动作的交换问题。各数值例求解结果如表 8.6~表 8.9 所示。

表 8.6　数值例 D010606_0012_002 双吊求解结果

实验类型	移动次数下界值/次	循环次数/次	移动次数/次	求解时间/秒	工作时间/秒
单台单吊	16	1	17	<0.1	1 698.99
单台双吊	—	503	16	1.82	1 563.12

表 8.7　数值例 R011606_0070_001 双吊求解结果

实验类型	移动次数下界值/次	循环次数/次	移动次数/次	求解时间/秒	工作时间/秒
单台单吊	100	1	107	0.62	9 956.43
单台双吊	—	521	106	2.68	9 214.50

表 8.8　数值例 R101606_0720_001 双吊求解结果

实验类型	移动次数下界值/次	循环次数/次	移动次数/次	求解时间/秒	工作时间/秒
单台单吊	1 107	1	1 107	30.51	166 306.00
单台双吊	—	618	1 107	147.46	145 320.00

表 8.9　数值例 R011606_0070_001 多吊具求解结果

吊具个数	工作时间/秒	移动次数/次	用到吊具的数量及频率			
			0 个	1 个	2 个	3 个
2	9 214.5	106	43[1]（20.3%）	106（50%）	63（29.7%）	0
3	9 029.7	106	26（12.3%）	67（31.6%）	80（37.7%）	39（18.4%）
4	8 904.9	106	21（11.0%）	54（28.4%）	63（33.2%）	52（27.4%）
5	8 819.3	105	21（11.7%）	52（28.9%）	60（33.3%）	47（26.1%）
6	8 788.1	105	20（11.0%）	52（28.7%）	62（34.3%）	47（26.0%）
7、8	8 788.1	105	20（11.0%）	52（28.7%）	62（34.3%）	47（26.0%）

　　1）指同时用到*个吊具的次数。例如，63（29.7%）中的 63 表示在 106 次移动中，同时需要 2 个吊具的移动为 63 次

　　表 8.6 为数值例 D010606_0012_002 使用两个吊具的取箱作业结果。双吊移动次数较单吊减少 1 次，工作时间减少为 1 563.12 秒，改善了 8.0%，求解时间为 1.82 秒。

　　同样，表 8.7~表 8.8 汇总了数值例 R011606_0070_001 与 R101606_0720_001 的求解结果，运用双吊进行取箱作业，工作时间分别改善了 7.5%、12.6%。

　　表 8.9 为数值例 R011606_0070_001 使用多吊具的求解结果。由表 8.9 中数据可知，轨道式龙门吊的工作时间会随着吊具数量的增加而递减，但是递减幅度逐渐减小直至平衡。使用 4 个以内的吊具时，集装箱的移动次数均为 106 次，使用 4 个以上吊具时，集装箱的移动次数均为 105 次。表 8.9 中亦给出了在所有移动动作中吊具的使用情况。其中，使用 0 个吊具，是指小车的所有吊具均为空吊状态，使用 1 个吊具，是指小车的所有吊具中只有 1 个吊具吊有集装箱，其余均为空吊状态，以此类推。可以看出，1~2 个吊具的使用占据了极大的比例。

　　由以上实验可知，应用多吊具进行取箱作业可有效节约轨道式龙门吊的作业时间。目前世界只有少数码头的轨道式龙门吊装有两个或两个以上的吊具，应用尚处于测试阶段，但可预测其必定成为未来的发展趋势。实验结果显示，由于多吊具的效用随吊具数量的增加而降低，故未来集装箱堆场作业中将吊具数量设定在 2~3 个即可。

三、两台单吊取箱实验

　　将数值例 R060306_0010_001，即图 8.8 所示的数值例的取箱序列分配给轨道式龙门吊 A 与轨道式龙门吊 B。轨道式龙门吊 A 的工作时间为 1 066.68 秒，轨道式龙门吊 B 的工作时间为 873.72 秒。轨道式龙门吊 A 与轨道式龙门吊 B 的工作时间相差较多，是因为集装箱 9 和集装箱 10 移动到集卡上的动作皆由轨道式龙门

吊 A 负责，且必须等到轨道式龙门吊 B 将集装箱 8 移至集卡之后才可执行。用两台轨道式龙门吊代替一台轨道式龙门吊进行作业，可将总的作业时间由 1 625.75 秒缩短至 1 066.86 秒，改善了 34.4%，求解时间均在 0.1 秒以内，如表 8.10 所示。

表 8.10　数值例 R060306_0010_001 两台轨道式龙门吊求解结果

实验类型		移动次数下界值/次	求解时间/秒	工作时间/秒	移动次数/次
单台单吊		11	<0.1	1 625.75	11
两台单吊	A	—	<0.1	1 066.86	7
	B	—	<0.1	873.72	4

表 8.11 为数值例 R101606_0720_001 两台轨道式龙门吊求解结果。将取箱序列分配给两台轨道式龙门吊进行作业，使总的作业时间由 166 306 秒缩短至 108 170 秒，减少了 35.0%。表 8.12 为数值例 R200806_0720_001 两台轨道式龙门吊求解结果。第四节的约束条件会导致将取箱序列分配给两台轨道式龙门吊进行作业时，找不到不会造成压箱的栈堆存集装箱，从而增加移动次数。表 8.12 的数值例就是该原因造成两台轨道式龙门吊取箱作业集装箱移动次数较单台作业多了一次。但是轨道式龙门吊工作时间由 182 396 秒缩短至 111 520 秒，改善了 38.9%。

表 8.11　数值例 R101606_0720_001 两台轨道式龙门吊求解结果

实验类型		移动次数下界值/次	求解时间/秒	工作时间/秒	移动次数/次
单台单吊		1107	30.5	166 306	1 107
两台单吊	A	—	32.5	108 170	608
	B	—	32.5	108 119	499

表 8.12　数值例 R200806_0720_001 两台轨道式龙门吊求解结果

实验类型		移动次数下界值/次	求解时间/秒	工作时间/秒	移动次数/次
单台单吊		1 121	31.3	182 396	1 121
两台单吊	A	—	35.4	111 520	588
	B	—	35.4	111 311	534

由以上数据可知，将单台单吊轨道式龙门吊取箱序列分配给两台轨道式龙门吊执行，可将总工作时间缩短 30% 以上，可大大提高作业效率。可见，本章基于单台单吊启发式取箱序列开发的两台单吊作业分配方法可有效改进现实作业过程，具有一定的实用指导价值。

第六节　本　章　小　结

本章将出口集装箱取箱问题分为单台单吊、单台多吊及两台单吊轨道式龙门吊取箱问题三大类，研究如何以最少的移动次数、最短的轨道式龙门吊工作时间，将所有出口集装箱以已知的顺序搬离箱区。处理单台单吊问题时，采用启发式算法生成取箱序列；处理单台多吊问题时，通过两个集装箱移动动作的交换，将单台单吊取箱序列分配给若干吊具处理。处理两台单吊问题时，先将取箱序列分配给两台轨道式龙门吊，再以模拟的方法求得两台轨道式龙门吊完成其所负责集装箱移动动作所需的时间。本章以 Visual C++6.0 编程，考虑集装箱堆场堆存区域不同的规模、布局与堆存区域利用率，以及集装箱的数量等因素，随机生成集装箱的堆存状态，以测试算法在不同数值例下的表现。

实验结果表明：本章提出的算法可求解大规模（2 000 个以上的集装箱）的取箱问题，且求得的取箱过程中集装箱的移动次数接近或等于移动次数下界值，相比文献[113]提出的算法，本章提出的算法有效性及优化程度更高。使用多个吊具亦可减少集装箱的移动时间，并且可减少移动次数，但多吊具的效用随吊具数目的增加而递减，未来堆场作业中将吊具数量设定在 2~3 个即可。将取箱序列分配给两台轨道式龙门吊，总工作时间可减少 30%以上，可有效提高取箱效率。

第九章　研　究　结　论

为提高集装箱码头的作业效率，缩短船舶在港时间，提升码头服务水平，最大限度地利用码头现有的空间资源与设备资源，本书对集装箱堆场出口集装箱倒箱优化问题进行了研究。在借鉴国内外相关领域的研究成果及研究方法的基础上，对出口集装箱堆存倒箱优化问题、确定装船顺序的倒箱优化问题、预倒箱作业倒箱优化问题及装船作业倒箱优化问题分别构建了数学模型，针对每一个问题提出了不同的求解方法，并通过不同类型的数值实验进行测试与分析。本书的研究成果主要包括以下四点。

（1）考虑了进场集装箱堆存优化问题的动态因素，一为决定集装箱进入集装箱堆场时存放的位置，二为集装箱离开堆场时引起倒箱后，决定阻塞箱存放的位置。以动态情况下快速决定集装箱储存的位置而使整体作业的倒箱量最少为目标，建立了 IP 模型，首先解决了在既定堆存状态且没有外来箱的情况下，如何提取所有集装箱而使整体倒箱量最少的问题；其次，在此基础上，将集装箱储位的决策方法推广至动态的情形，解决动态问题。

针对模型特点，选择求解软件与启发式算法进行求解，以期达到结合精确算法与启发式算法的优点，达到改进现有研究中的优化算法、研究成果可更好地指导实际操作的目的。实验结果表明，不论动态、静态，本书提出的方法在大部分的实验中优于三种现有研究的方法。

（2）考虑了集装箱堆场作业实务及装船作业的现实约束，以装船作业过程中倒箱量最少为目标，对集装箱装船顺序优化问题进行建模。根据集装箱装船顺序及落箱位选择优化问题具有的多阶段动态特征，开发了启发式算法与动态规划相结合的两阶段混合优化算法。为避免由于状态数随着问题规模的扩大而"组合爆炸"式地增长带来的求解困境，进一步将启发式规则嵌入动态规划算法中。

在数值实验中，通过与实际调度规则及现有研究方法所得到的调度方案的对比，验证了模型及两阶段混合优化算法的有效性与实用性：两阶段混合优化算法不仅可以在较短的时间内得到最小倒箱量（数目不多于实际规则及现有研究的结果），还能再现最小倒箱量下所有装船与倒箱作业调度方案，进而能够实施最优的装船顺序及实现装船作业过程的可视化。

（3）针对装船顺序既定条件下的预倒箱作业优化问题，以降低预倒箱作业过程中的倒箱量为目标，开发了由邻域搜索算法与IP算法组成的两阶段混合算法对预倒箱问题进行优化，第一个阶段通过启发式算法压缩末终堆存状态空间，第二个阶段通过IP算法缩短第一个阶段得到的预倒箱序列的长度。两个阶段循环交替进行以快速求得最优的预倒箱序列。

为探讨参数的不同对模型求解结果的影响，本书设计了五类不同性质的实验，实验结果表明，运用本书提出的两阶段混合算法求解耗时均在180秒以内，且求解结果优于现有研究方法，故本书算法具有一定的优越性及现实意义。

（4）将装船作业优化问题划分为单台单吊、单台多吊及两台单吊轨道式龙门吊取箱问题三大类，研究如何以最少的移动次数将出口集装箱搬离箱区，并开发了不同的启发式算法分别求解以上三类问题。考虑了集装箱堆场堆存区域不同的规模、布局与堆存区域利用率，以及集装箱的数量等因素，随机生成集装箱的堆存状态，以测试启发式算法在不同数值例下的表现。

实验结果表明，本书提出的算法可求解2 000个以上集装箱的装船作业问题，且求得的移动次数接近或等于移动次数下界值，相比现有研究提出的算法，有效性及优化程度更高。使用多个吊具可减少集装箱移动次数，但由于多吊具的效用随吊具数目的增加而递减，因此集装箱堆场作业中将吊具数量设定在2~3个即可；将取箱序列分配给两台轨道式龙门吊，总工作时间可减少30%以上，可有效提高取箱效率。

综上所述，本书对出口集装箱倒箱优化问题进行了较为深入的研究，但同时也存在不足之处。由于本书着眼于"倒箱"优化控制，目标函数以降低倒箱量为主，不可避免地忽略了作业过程中人员配置、能源消耗等现实因素。此外，集装箱码头作业组织是一个涉及多个阶段、多种设备并行作业的复杂系统，除了本书研究的堆场相关调度问题外，还有泊位、岸桥调度，集卡运输及堆场空间资源与装卸资源的联合调度问题，这也是未来的研究方向。

参 考 文 献

[1] Agerschou H, Lundgren H, Sorensen T. Planning and Design of Ports and Marine Terminals. Chichester: John Wiley and Sons, 1983: 10-12.

[2] Steenken D, Voß S, Stahlbock R. Container terminal operation and operations research-a classification and literature review. OR Spectrum, 2004, 26 (1): 3-49.

[3] Vis I F A, Dekoster R. Transshipment of containers at a container terminal: an overview. European Journal of Operational Research, 2003, 147 (1): 1-16.

[4] 王占荣. 关于集装箱卸港倒箱原因的分析. 天津航海, 1997, (3): 32-33.

[5] 任现元, 高学玲. 集装箱堆场倒箱产生的原因及解决方法. 集装箱化, 1999, (9): 20-21.

[6] 曾凡华. 集装箱堆场倒箱的原因及预防. 水运科技信息, 1998, (4): 34-35.

[7] 王新颖. 降低集装箱场站翻箱率的应用管理. 天津航海, 2014, (1): 65-66.

[8] 张艳, 韩晖. 降低集装箱码头堆场翻箱率. 集装箱化, 2008, (4): 8-9.

[9] 日本海上集装箱协会, 集装箱运输业务手册编委会. 集装箱运输业务手册·上册. 刘鼎铭, 王义源译. 北京: 人民交通出版社, 1992: 36-38.

[10] Young Y W, Seok C Y. A simulation model for container terminal operation analysis using an object-oriented approach. International Journal of Production Economics, 1999, 59 (1~3): 221-230.

[11] 真虹. 集装箱运输学. 大连: 大连海事大学出版社, 2002: 40-45.

[12] 李建忠. 集装箱港口堆场资源配置问题研究. 上海海事大学硕士学位论文, 2005.

[13] 沈剑锋. 基于知识与仿真的集装箱堆场作业计划研究. 大连理工大学硕士学位论文, 2006.

[14] 王莉莉. 集装箱装船顺序优化模型及遗传算法. 大连理工大学硕士学位论文, 2007.

[15] Cormen T H, Leiserson C E, Rivest R L, et al. 算法导论. 2 版. 潘金贵, 顾铁成, 李成法, 等译. 北京: 机械工业出版社, 2006: 121-126.

[16] 张晓辉. 优化集装箱码头堆场计划模式初探. 安防科技, 2006, (1): 55-57.

[17] 赵苏. 基于最优作业路效率的出口箱场区分配研究. 清华大学硕士学位论文, 2007.

[18] 孙丽丽. 优化堆场管理 实现节能增效. 集装箱化, 2006, (1): 29-31.

[19] Kozan E，Preston P. Genetic algorithms to schedule container transfers at multimodal terminals. International Transactions in Operational Research，1999，（6）：311-329.

[20] Preston P，Kozan E. An approach to determine storage locations of containers at seaport terminals. Computers & Operations Research，2001，28（10）：983-995.

[21] Kim K H，Kim H B. Segregating space allocation models for container inventories in port container terminals. International Journal of Production Economics，1999，59（1）：415-423.

[22] Kim K H. Evaluation of the number of re-handles in container yards. Computers and Industrial Engineering，1997，32（4）：701-711.

[23] Kim K H，Kim H B. The optimal sizing of the storage space and handling facilities for import containers. Transportation Research Part B，2002，（36）：821-835.

[24] Kim K H，Park K T. A note on a dynamic space-allocation method for outbound containers. European Journal of Operational Research，2003，148（1）：92-101.

[25] Zhang C. Resources planning in container storage yard. Ph. D. Dissertation of the Hong Kong University of Science and Technology，2000.

[26] Zhang C Q，Liu J Y，Wan Y W，et al. Storage space allocation in container terminals. Transporting Research Part B：Methodological，2003，37（10）：883-903.

[27] 王斌. 集装箱堆场基于混堆的滚动式计划堆存方法. 系统工程学报，2005，（5）：22-27.

[28] 李建忠，丁以中，王斌. 集装箱堆场空间动态配置模型. 交通运输工程学报，2007，（3）：50-55.

[29] 王斌. 集装箱码头堆场的一种动态随机堆存方法. 系统工程理论与实践，2007，（4）：147-153.

[30] Han Y，Lee L H，Chew E P，et al. A yard storage strategy for minimizing traffic congestion in a marine container transshipment hub. OR Spectrum，2008，（30）：697-720.

[31] 谢尘，何军良，苌道方. 基于混堆模式的集装箱码头出口箱进场选位策略. 上海海事大学学报，2008，29（4）：70-75.

[32] 陶经辉,汪敏. 基于混堆模式的集装箱堆场区段分配. 系统工程理论与实践,2009,29(8)：185-192.

[33] Bazzazi M，Safaei N，Javadian N. A genetic algorithm to solve the storage space allocation problem in a container terminal. Computers & Industrial Engineering，2009，56（1）：44-52.

[34] 张艳伟，石来德，宓为建，等. 集装箱码头出口箱集港堆存模型研究. 中国工程机械学报，2007，（1）：32-38.

[35] Mi W J，Yan W，He J L，et al. An investigation into yard allocation for outbound containers. The International Journal for Computation and Mathematics in Electrical and Electronic Engineering，2009，28（6）：1442-1457.

[36] 王志明, 符云清. 基于遗传算法的集装箱后方堆场箱位分配策略. 计算机应用研究, 2010, (8): 2939-2941.

[37] 王展. 混堆操作下的堆场作业量与堆区堆位分配研究. 上海交通大学硕士学位论文, 2011.

[38] 候春霞. 集装箱码头出口箱堆场空间分配研究. 大连海事大学硕士学位论文, 2011.

[39] 李培钰. 新型集装箱码头堆区分配问题研究. 上海交通大学硕士学位论文, 2013.

[40] 陈超, 台伟力, 杨逸蓝, 等. 出口箱随机入港下的箱区选择与箱位分配协调调度. 上海交通大学学报, 2014, (4): 544-550.

[41] 陈超, 邱建梅, 台伟力. 出口箱随机入港下的码头泊位-集卡-箱区协调调度模型. 交通运输工程学报, 2014, (6): 92-99.

[42] Kim K K, Bae W J. Re-marshaling export containers in port container terminals. Computers & Industrial Engineering, 1998, 35 (3~4): 658-688.

[43] Kim K H, Park Y M, Ryu K R. Deriving decision rules to locate export containers in container yard. European Journal of Operational Research. 2000, 124 (2): 89-101.

[44] Zhang C R, Chen W W, Shi L Y, et al. A note on deriving decision rules to locate export containers in container yards. European J of Operational Research, 2010, 205 (2): 483-485.

[45] Dekker R, Voogd P, Asperen E. Advanced methods for container stacking. OR Spectrum, 2006, 28 (4): 563-586.

[46] Kim K H, Lee J S. Satisfying constraints for locating export containers in port container terminals//Gervasi O. Computational Science and Its Applications-ICCSA 2006. Berlin: Springer-Verlag, 2006: 564-573.

[47] Kang J, Ryu K R, Kim K H. Deriving stacking strategies for export containers with uncertain weight information. Journal of Intelligent Manufacturing, 2006, 17 (4): 399-410.

[48] Kozan E, Preston P. Mathematical modeling of container transfers and storage location at seaport terminals. OR Spectrum, 2006, 28 (4): 519-537.

[49] Lee L H, Chew E P, Tan K C, et al. An optimization model for storage yard management in transshipment hubs. OR Spectrum, 2006, 28 (4): 539-561.

[50] Holguín-Veras J, Jara-Díaz S. Optimal pricing for priority service and space allocation in container ports. Transportation Research Part B, 1999, 33 (2): 81-106.

[51] Holguín-Veras J, Jara-Díaz S. Preliminary insights into optimal pricing and space allocation at intermodal terminals with elastic arrivals and capacity constraint. Networks & Spatial, 2006, 6 (1): 25-28.

[52] Park T J, Choe R, Kim Y H, et al. Dynamic adjustment of container stacking policy in an automated container terminal. International Journal of Production Economics, 2011, 133 (1): 385-392.

[53] Chen L，Lu Z. The storage location assignment problem for outbound containers in a maritime terminal. International Journal of Production Economics，2012，135（1）：73-80.

[54] 郝聚民，纪卓尚，林焰. 混合顺序作业堆场 BAY 优化模型. 大连理工大学学报，2000，40（1）：102-105.

[55] 包起帆. 上海港集装箱智能化管理技术. 起重运输机械，2003，（11）：1-6.

[56] 周鹏飞. 面向不确定环境的集装箱码头优化调度研究. 大连理工大学博士学位论文，2006.

[57] 陈庆伟，王继荣. 集装箱堆场出口箱堆存模型及其算法. 物流科技，2007，30（7）：106-108.

[58] 计三有，高悦文. 集装箱堆场减少倒箱率方法研究. 水运工程，2006，（8）：53-56，61.

[59] 刘艳，周鹏飞，康海贵. 集装箱堆场箱位分配模糊优化研究. 水运工程，2009，（11）：1-5.

[60] 沈剑锋，金淳，高鹏. 基于知识的集装箱堆场箱位分配计划研究. 计算机应用研究，2007，24（9）：146-148.

[61] 周鹏飞，方波. 动态环境下集装箱码头堆场出口箱箱位分配建模与算法研究. 控制与决策，2011，（10）：1571-1576.

[62] 周鹏飞，方波. 基于随机交箱序列的集装箱堆场出口箱箱位优选. 沈阳工业大学学报，2011，（6）：678-685.

[63] 郝振勇，韩晓龙. 基于随机交箱的堆场出口箱箱位分配研究. 武汉理工大学学报（交通科学与工程版），2014，（1）：157-161.

[64] 周鹏飞，李丕安. 不确定条件下集装箱堆场出口箱具体箱位优选. 工业工程，2013，（1）：25-30.

[65] 周鹏飞，李丕安. 集装箱堆场不确定提箱次序与卸船箱位分配. 哈尔滨工程大学学报，2013，（9）：1119-1123.

[66] 冯美玲，岳文英，孙俊清. 进出口集装箱在堆场中堆存空间分配问题的研究. 第三十届中国控制会议，烟台，2011.

[67] 周健. 集装箱堆场空间资源分配模型研究. 河北工业大学硕士学位论文，2012.

[68] 郑红星，杜亮，董键. 混堆模式下集装箱堆场箱位指派优化模型. 交通运输系统工程与信息，2012，12（1）：153-159.

[69] 袁学青，台玉红，朱鹏宇. 基于矩阵式遗传算法的进出口集装箱堆场箱位分配策略. 数学理论与应用，2013，（4）：54-64.

[70] 黎明，翟金刚. 基于粒子群算法的出口集装箱堆场箱位分配研究. 水运工程，2012，（11）：42-46.

[71] 周鹏飞，方金灿. 集装箱堆场收发箱管理 Multi-Agent 系统研究. 大连理工大学学报，2013，（3）：382-389.

[72] 钟明. 集装箱码头出口集装箱堆场位置分配算法研究. 清华大学硕士学位论文，2013.

[73] Hirashima Y, Takeda K, Harada S, et al. A Q-Learning for group-based plan of container transfer scheduling. JSME International Journal. Series C, Mechanical Systems, Machine Elements and Manufacturing, 2006, 49 (2): 473-479.

[74] Kang J, Oh M S, Ahn E Y, et al. Planning for intra-block remarshalling in a container terminal. The 19th International Conference on Industrial Engineering and Other Applications of Applied Intelligent Systems, Annecy, 2006.

[75] Lee Y, Hsu N Y. An optimization model for the container pre-marshalling problem. Computers and Operations Research, 2007, 34 (11): 3295-3313.

[76] Lee Y, Chao S L. A neighborhood search heuristic for pre-marshalling export containers. European Journal of Operational Research, 2009, 196 (2): 468-475.

[77] Caserta M, Voß S. A corridor method-based algorithm for the premarshalling problem//Giacobini M, Brabazon A, Cagnoni S, et al. Applications of Evolutionary Computing. Berlin: Springer, 2009: 788-797.

[78] Caserta M, Schwarze S, Voß S. A new binary description of the blocks relocation problem and benefits in a look ahead heuristic//Cotta C, Cowling P. Evolutionary Computation in Combinatorial Optimization, Lecture Notes in Computer Science. Berlin: Springer, 2009: 37-48.

[79] Expósito-Izquierdo C, Melian-batista B, Moreno-vega M. Pre-marshalling problem: heuristic solution method and instances generator. Expert Systems with Applications, 2012, 39 (9): 8337-8349.

[80] Huang S H, Lin T H. Heuristic algorithms for container pre-marshalling problems. Computers & Industrial Engineering, 2012, 62 (1): 13-20.

[81] Bortfeldt A, Forster F. A tree search procedure for the container pre-marshalling problem. European Journal of Operational Research, 2012, 217 (3): 531-540.

[82] Forster F, Bortfeldt A. A tree search procedure for the container relocation problem. Computers and Operations Research, 2012, 39 (2): 299-309.

[83] Rodriguez-Molins M, Salido M A, Barber F. Intelligent planning for allocating containers in maritime terminals. Expert Systems with Applications, 2012, 39 (1): 978-989.

[84] Gheith M S, El-tawil A B, Harraz N A. A proposed heuristic for solving the container pre-marshalling problem. The 19th International Conference on Industrial Engineering and Engineering Management, Changsha, 2012.

[85] Lehnfeld J, Knust S. Loading, unloading and premarshalling of stacks in storage areas: survey and classification. European Journal of Operational Research, 2014, 239 (2): 297-312.

[86] Carlo H J, Vis I F A, Roodbergen K J. Storage yard operations in container terminals: literature overview, trends, and research directions. European Journal of Operational Research, 2014, 235 (2): 412-430.

[87] Wang N，Jin B，Lim A. Target-guided algorithms for the container pre-marshalling problem. Omega，2015，53：67-77.

[88] 董琳，刘庆敏，王超，等. 集装箱翻箱问题的模型分析及算法. 经济数学，2006，23（2）：181-186.

[89] 赖颖彦，王晓. 集装箱翻箱过程优化关键技术. 中国港口，2007，（8）：48-50.

[90] 李觊，王新伟，束金龙，等. 基于混合优化策略的智能集装箱预翻箱系统. 计算机应用研究，2006，（2）：171-174.

[91] 白治江，王晓峰. 集装箱翻箱优化方案设计. 水运工程，2008，414（4）：57-61.

[92] 李浩渊. 集装箱码头物流系统的基于仿真的优化方法研究. 东北大学博士学位论文，2010.

[93] 易正俊，江静，胡勇. 堆场集装箱翻箱的 PCNN 优化控制算法. 自动化学报，2011，37(2)：241-244.

[94] 徐骁勇，潘郁，丁燕艳，等. 集装箱翻箱问题的蚁群算法改进. 运筹与管理，2012，（4）：249-255.

[95] 刘曙光. 集装箱堆场（预）翻箱问题建模与优化研究. 武汉理工大学硕士学位论文，2013.

[96] Caserta M，Schwarze S，Voß S. A mathematical formulation and complexity considerations for the blocks relocation problem. European Journal of Operational Research，2012，219（1）：96-104.

[97] 王启芳. 基于启发式算法的集装箱翻箱问题研究. 华中科技大学硕士学位论文，2013.

[98] 乐美龙，姜丹. 堆场集装箱预翻箱问题. 辽宁工程技术大学学报(自然科学版)，2014，（3）：405-408.

[99] 乐美龙，姜丹. 基于网络模型的集装箱预翻箱问题研究. 计算机工程与应用，2014，（4）：40-44.

[100] 梁承姬，郑娟娟，刘扬. 基于启发式算法的集装箱预翻箱问题仿真研究. 计算机仿真，2014，（12）：416-420.

[101] 张维英，林焰，纪卓尚，等. 出口集装箱堆场取箱作业优化模型研究. 武汉理工大学学报（交通科学与工程版），2006，30（2）：314-317.

[102] Chung Y G，Randhawa S U，Mcdowell E D. A simulation analysis for a transtainer-based container handling facility. Computers & Industrial Engineering，1988，14（2）：113-125.

[103] Kim K Y，Kim K H. A routing algorithm for a single transfer crane to load export containers onto a containership. Computers & Industrial Engineering，1997，33（3~4）：673-676.

[104] Kim K H，Kim K Y. An optimal routing algorithm for a transfer crane in port container terminals. Transportation Science，1999，33（1）：17-33.

[105] Kim K Y，Kim K H. Heuristic algorithm for routing yard-side equipment for minimizing loading times in container terminals. Naval Research Logistics，2003，50（5）：498-514.

[106] Narasimhan A, Palekar U S. Analysis and algorithms for the transtainer routing problem in container port operations. Transportation Science, 2002, 36（1）: 63-78.

[107] Linn R, Liu JY, Wan Y W, et al. Rubber tired gantry crane deployment for container yard operation. Computers & Industrial Engineering, 2003, 45（3）: 429-442.

[108] Kim K H, Lee K M, Hwang H. Sequencing delivery and receiving operation for yard cranes in port container terminals. International Journal of Production Economics, 2003, 84（3）: 283-292.

[109] Kim K H, Park Y M. A crane scheduling method for port container terminals. European Journal of Operational Research, 2004, 156（3）: 752-768.

[110] Ng W C, Mak K L. Yard crane scheduling in port container terminals. Applied Mathematical Modelling, 2005, 29（3）: 263-276.

[111] Ng W C, Mark K L. An effective heuristic for scheduling a yard crane to handle jobs with different ready times. Engineering Optimization, 2005, 37（8）: 867-877.

[112] Kim K H, Hong G P. A heuristic rule for relocation blocks. Computers and Operations Research, 2006, 33（4）: 940-954.

[113] Lee Y, Lee Y J. A heuristic for retrieving containers from a yard. Computers and Operations Research, 2010, 37（6）: 1139-1147.

[114] Zhao W J, Goodchild A V. The impact of truck arrival information on container terminal re-handling. Transportation Research: Logistics and Transportation Review, 2010, 46（3）: 327-343.

[115] Caserta M, Voß S, Sniedovich M. Applying the corridor method to a blocks relocation problem. OR Spectrum, 2011, 33（4）: 915-929.

[116] 徐亚, 陈秋双, 龙磊. 集装箱倒箱问题的启发式算法研究. 系统仿真学报, 2008, 20（14）: 3666-3669.

[117] 易正俊, 李保顺, 李新强. 集装箱堆场倒箱博弈启发式优化算法. 上海海事大学学报, 2010, 31（3）: 47-51.

[118] 韩晓龙. 集装箱港口装卸中的龙门吊数量配置. 系统工程, 2005,（10）: 12-16.

[119] 何军良, 宓为建, 严伟. 基于爬山算法的集装箱堆场场桥调度. 上海海事大学学报, 2007,（4）: 11-15.

[120] 范磊, 梁承姬. 堆场取箱作业中倒箱问题的启发式算法研究. 重庆交通大学学报（自然科学版）, 2014,（1）: 133-138.

[121] Zhang C Q, Wan Y W, Liu J Y, et al. Dynamic crane deployment in container storage yards. Journal of Transportation Research Part B: Methodological, 2002, 36（6）: 537-555.

[122] Linn R, Zhang C Q. A heuristic for dynamic yard crane deployment in a container terminal. IIE Transactions, 2003, 35（2）: 161-174.

[123] Ng W C. Crane scheduling in container yards with inter-crane interference. European Journal of Operational Research, 2005, 164（1）: 64-78.

[124] Lee D H, Cao Z, Meng Q. Scheduling of two-transtainer systems for loading outbound containers in port container terminals with simulated annealing algorithm. International Journal of Production Economics, 2007, 107（1）: 115-124.

[125] Lee D H, Cao Z, Meng Q. Scheduling of two-transtainer systems for loading operation of containers using revised genetic algorithm. The 85th Annal Meeting of Transportation Reseasrch Board, Washington, 2006.

[126] Jung S, Kim K. Load scheduling for multiple quay cranes in port container terminals. Journal of Intelligent Manufacturing, 2006, 17（4）: 479-492.

[127] Yang Y, Gen M. Yard crane scheduling in container terminal using genetic algorithm. The 4th International Conference on Intelligent Logistics Systems, Shanghai, 2008.

[128] Li W K, Wu Y, Petering M E H, et al. Discrete time model and algorithms for container yard crane scheduling. European Journal of Operational Research, 2009, 198（1）: 165-172.

[129] 李建忠. 码头堆场龙门起重机动态配置优化模型. 交通运输工程学报, 2005,（1）: 70-74.

[130] 韩晓龙. 集装箱港口龙门吊的最优路径问题. 上海海事大学学报, 2005, 26（2）: 39-41.

[131] 韩晓龙, 丁以中. 集装箱港口龙门吊配置优化研究. 中国航海, 2008,（1）: 6-8.

[132] 魏众, 申金升, 肖荣娜, 等. 港口集装箱码头轮胎式龙门吊优化调度研究. 中国工程科学, 2007,（8）: 47-51.

[133] 严伟, 宓为建, 苌道方, 等. 一种基于最佳优先搜索算法的集装箱堆场场桥调度策略. 中国工程机械学报, 2008,（1）: 95-100.

[134] Wan Y W, Liu J, Tsai P C. The assignment of storage locations to containers for a container stack. Naval Research Logistics, 2009, 56（8）: 699-713.

[135] Murty K G, Liu J, Wan Y W. A decision support system for operations in a container terminal. Decision Support Systems, 2005, 39（3）: 309-332.

[136] Wu K C, Ting C J. A beam search algorithm for minimizing reshuffle operations at container yards. Journal of the Eastern Asia Society for Transportation Studies, 2010, 8: 2379-2393.

[137] 王晓, 陈海燕, 王超, 等. 关于合理确定集装箱码头装船顺序的算法. 经济数学, 2005, 22（3）: 68-74.

[138] 朱明华, 范秀敏, 程奂翀, 等. 集装箱装船顺序问题的启发式算法研究. 中国机械工程, 2010, 21（9）: 1066-1070.

[139] 靳志宏, 兰辉, 边展, 等. 基于现实约束的集装箱装船顺序优化. 大连海事大学学报, 2011, 37（1）: 71-74.

[140] 阳明盛, 罗长童. 最优化原理、方法及求解软件. 北京: 科学出版社, 2006: 56-57.

[141] 吴祈宗. 运筹学与优化方法. 北京: 机械工业出版社, 2003: 127-130.

[142] 魏权龄, 胡显佑, 严颖. 运筹学通论（修订本）. 北京：中国人民大学出版社, 2001：12-17.

[143] 《运筹学》教材编写组. 运筹学. 3 版. 北京：清华大学出版社, 2005：93-98.

[144] 张润琦. 动态规划. 北京：北京工业大学出版社, 1989：3-5.

[145] 王日爽, 徐兵, 魏权龄. 应用动态规划. 长沙：国防工业出版社, 1987：16-20.

[146] Liu Y H. Incorporating scatter seaech and threshold accepting in finding maximum likelihood estimates for the multinomial probit model. European Journal of Operational Research, 2011, 211（1）：130-138.

[147] 周鹏飞, 李丕安. 集装箱堆场进口箱翻箱落位仿真分析与启发式优选算法. 系统工程理论与实践, 2013,（12）：3145-3155.